装幀／松田　晴夫（㈱クリエイティブ・コンセプト）

カバー写真　〈表〉箸墓古墳と三輪山
　　　　　　〈裏〉箸墓古墳

見返し写真　桜井市・大福遺跡出土銅鐸（桜井市教育委員会提供）

目次表紙写真　平原遺跡出土内行花文鏡（11号鏡）＝文化庁保管、
　福岡県糸島市立伊都国歴史博物館提供

論考　邪馬台国&ヤマト王権

奈良の古代文化③

奈良の古代文化研究会◀編

青垣出版

目次

巻頭言

「ヤマト王権」という呼ばれ方や表記が多く用いられるようになった。「初期ヤマト政権」や「三輪王朝」よりも年代幅が広く、河内王権の時代や飛鳥の時代も含むニュアンスで用いられることが多いように思う。かつての「大和朝廷」にあたる歴史用語だろう。

発祥の地は、大和盆地東南部の三輪山周辺地域であったことは疑えない。列島最初の本格的権力の登場を語るモニュメントといえる巨大前方後円墳が六基も集中して存在し、『古事記』や『日本書紀』の神話や伝承もそのことを物語る。

最初の巨大前方後円墳であることが確実な箸墓《はしはか》古墳（桜井市箸中）やその箸墓古墳を含む地域に広がる纒向《まきむく》遺跡への注目は近年、大いに高まっている。邪馬台国の所在地の可能性や期待と重なるからだろう。

しかし、邪馬台国はもちろん、三輪山周辺地域に興ったはずの王権の実態や以後の展開については、まだ多くの謎に包まれる。政権の中枢がどのような状態だったのか、どのように移動していったのか、王統はどのように引き継がれていったのか、断絶や交替はなかったのか—など、基本的なことさえほとんど分かっていない。分からないから「地中からのメッセージ」を必死に追い求めて発掘調査をしている。文献のさまざまな解釈の可能性を探っている。関連諸科学を駆使した追究も盛んだ。そして、さまざまな推理や論考が生まれ、論争も呼んでいる。

奈良の古代文化研究会に寄せられた「日本国家の起源」にまつわる論考五編を一冊に纏めた。

一編は、二三八年、卑弥呼が魏王朝に派遣した使者、難升米の正体を追求する。道教の「五斗米道《ごとうべいどう》」とのからみで、「難がある、まずい一升の米」という意味をもつ名前に改変されたのではないか、と推論する。

一編は、『魏志倭人伝』に記す「郡より女王国に至る万二千余里」の一二、〇〇〇里から帯方郡—不彌国間の合算里数一〇、七〇〇里を引くことによって邪馬台国の所在地を推理するのは無意味とする。方向と距離を表すベクトル図（ダイアグラム）を忠実に描くことが所在地を考える上で重要、と説く。

一編は、箸墓古墳の平面プランのもとになったのは、東方海上に浮かぶ蓬萊《ほうらい》、方《ほう》丈《じょう》、瀛洲《えいしゅう》の「三神山」であり、「三種の神器」の鏡と剣でもあるとみる。前方後円墳造営の基底に道教思想や神仙思想が存在したことを、古代天文学とからめて独自の視点から解く。
一編は、東アジア一帯で盛んだった射日神話に注目、銅鐸《どうたく》は「射落とされた太陽」だった、と考える。天岩屋戸神話にみられる招日神話が成立してアマテラスを唯一の太陽神に据える時代になって、「余分で危険な太陽」である銅鐸は不用品となり埋められた、と解釈する。
一編は、軍艦や船の設計にあたった体験をもとに、『日本書紀』に記された年代のからくりを解明する。年代引き延ばしの法則を見い出し、「神武即位は西暦一〇八年」、「卑弥呼は孝霊《こうれい》天皇妃の意富夜麻登久邇阿礼比売《おほやまとくれあれひめ》」、「纒向遺跡は孝霊朝に始まった」などと論述する。

熱い論考ばかりである。ぜひご一読いただき、「日本国家の起源」をいま一度、いっしょに考えていただきたい。

「奈良の古代文化」編集長

靍井　忠義

卑弥呼の使者は尾張氏の祖先
—難升米は饒《にぎ》速《はや》日《ひの》尊《みこと》の血を引く妙《む》斗《と》米《め》

上田　充夫

1．3世紀の東アジア情勢

3世紀の東アジアの情勢

卑弥呼が魏に使者を送った3世紀の東アジアの情勢はどのようなものであったか、以下年代順に後漢《ごかん》、魏《ぎ》および晋《しん》が滅びる状況を見てみよう。

『中国では後漢王朝末期、霊《れい》帝の死とともに、王朝内の権力抗争が激しくなっていた。

１９０年　董卓《とうたく》は後漢王朝の献《けん》帝を擁《よう》して長安《ちょうあん》に逃亡、その混乱に乗じて、遼東《りょうとう》太守であった公《こう》孫《そん》度《たく》が独立王国を作り、山東半島から楽浪《らくろう》地域の朝鮮半島まで勢力を拡大した。

２０４年　公孫度が死ぬと、その子の公孫康《こう》が楽浪郡から南に軍隊を送り、帯方郡《たいほう》を開いた。『魏志』韓《かん》伝は「これより後、韓・倭《わ》ついに帯方に属す」と記している。

220年　曹操《そうそう》死去。献帝が曹操の息子曹丕《ひ》(文帝)に王朝の禅譲《ぜんじょう》を行い、魏が建国される。

233年　陳寿《ちんじゅ》が蜀《しょく》で誕生。

234年　蜀の諸葛孔明《しょかつこうめい》が五丈原《ごじょうげん》で没する。

238年

6月　司馬仲達《しばちゅうたつ》、4万の兵を率いて朝鮮半島の遼東郡に到着。

6月　卑弥呼が難升米らを帯方郡に遣わし、太守の劉夏《りゅうか》に朝貢《ちょうこう》を願い出た。劉夏は倭国の使者を男奴隷4人、女奴隷6人、班布《はんぷ》2匹《ひき》2丈《じょう》とともに都まで案内した。(倭人伝)

8月　公孫淵は司馬仲達によって滅ぼされ楽浪郡は魏の領域に復される。

12月　魏の都、洛陽《らくよう》に着いた卑弥呼の使者に対し、卑弥呼へのねぎらいの詔書が下され「親魏倭王《しんぎわおう》」の称号が贈られる。(倭人伝)

12月8日　明帝《めいてい》、病《やまい》の床《とこ》に就《つ》く。(明帝紀)

12月27日　次帝の補佐役に任ぜられた燕王《えん》・曹宇《う》が側近の中書監《ちゅうしょかん》(皇帝付きの首席秘書官)・劉放《りゅうほう》、中書令《ちゅうしょれい》(次席秘書官)・孫資《そんし》の進言により、皇族は文《ぶん》帝の遺言により政治にかかわってはならないとして罷免《ひめん》され、皇族でない曹真《しん》の子曹爽《そう》と司馬仲達が補佐《ほさ》役に任ぜられた。(明帝紀)

239年　(景初3年)1月1日、遼東から帰還した司馬仲達に明帝から入朝の命令。

243年　明帝死去、少帝《しょう》（曹芳：8歳）即位。
　　　卑弥呼、2回目の使者を派遣。貢物を献上。
248年　「倭載斯烏越」が帯方郡に派遣される
249年　司馬仲達がクーデターを起こして魏の実権を握る。
263年　司馬仲達の子、司馬昭《しょう》は蜀を破り、その功績により晋王となる。
265年　司馬昭、死去。子司馬炎《えん》（武帝）は傀儡《かいらい》となった魏の元帝《げん》（曹奐《かん》）から帝位を譲り受け、西晋を建てる。
280年　司馬炎は呉を併せて天下を統一する。
280年代　著作郎（編纂官）・陳寿が『三国志』を著す。
297年　陳寿、病死（65歳）。
300年　「八王の乱」が生じ、晋は内乱状態となる。
316年　前趙の劉曜《りゅうよう》が西晋を滅ぼす。

公孫氏の侵略の影響

　上記の年表の中で204年は倭国にとって重要な意味を持つ。公孫氏はこれ以降、238年に魏に滅ぼされるまで30年以上の長きにわたって「韓・倭」を属国として服従させていたからである。日本の歴史にとって、この時おそらく初めて他国の侵略を受けたのであり、30年以上統治されていたことは現代の我々が想像する以上に過酷な状況があったに違いない。この間の事情については全く記録が残っていないため、従来の邪馬台国論争では、この公孫氏の侵略の影響について殆ど触れていないか、或いは全く影響ないものとして無視しているが、それは大きな誤りと思う。

　公孫氏は3代にわたり武力を持って近隣諸国を制圧していた。政治的にも魏や呉を相手取ってしたたかな行動を見せている。238年に魏が公孫

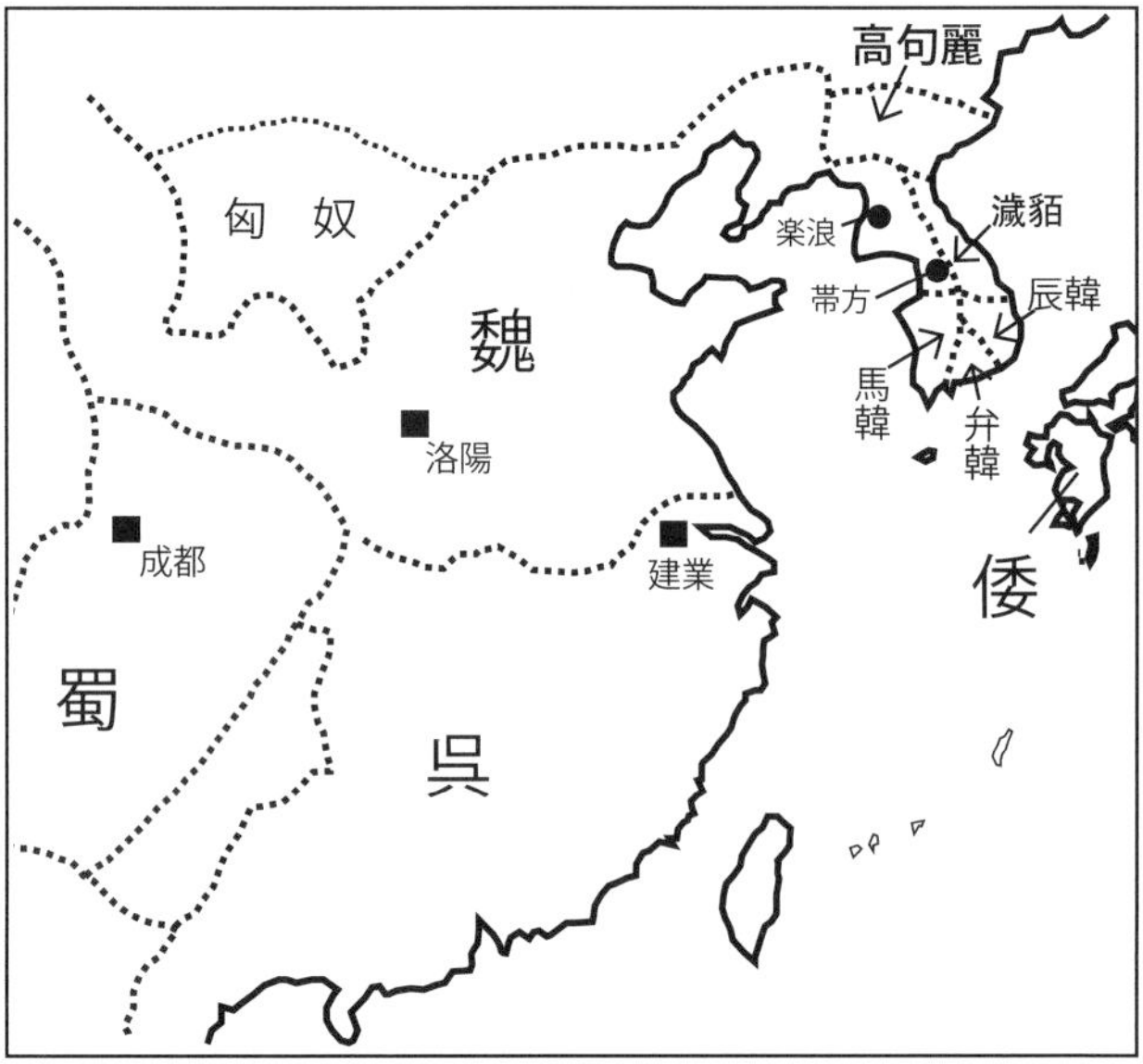

氏を征伐するために、蜀の諸葛孔明と戦った名将司馬仲達と4万もの兵力を必要とした。このことから想像しても倭国は公孫氏を圧倒的に強大な侵略国と恐れていたに違いないのである。

私は、当時、鉄器や青銅器の武器を多数保有していた北九州や出雲地方の勢力は公孫氏に抵抗して、壊滅的な打撃を受けたと考えている。

公孫《こうそん》氏の概要

公孫氏は、三国時代の中国において栄えた氏族で2世紀後半、後漢の地方官だった公孫度《たく》が黄巾《こうきん》の乱《らん》の混乱に乗じて遼東地方に半独立政権を樹立した。

民族・風習とも、まったくの漢民族であるが、その領土は朝鮮半島中西部の帯方郡を境に南は韓と接し、東北は高句麗《こうくり》、西北は烏丸《うがん》・鮮卑《せんぴ》、西南は漢・魏の幽州と接するなど、異国・異民族との関わりが深かった。

公孫氏の勢力圏である遼東以北の地はいわば中華圏の北端にあり、漢・魏など時の中華王朝からは絶域とみなされ、それが公孫氏の勢力圏を半独立的な地方政権としての地位を確立する上で大きな意味を持った。公孫康の時代以後、30年以上にわたり韓や倭は帯方郡に帰属した。『魏志』韓伝は「これより後、韓・倭ついに帯方に属す」と記している。

『魏志倭人伝』において、黄巾の乱の前後に起きたとされる倭国大乱から公孫氏滅亡後の卑弥呼による魏への遣使まで倭に関する記事が途《と》絶《だ》えている原因は、公孫氏が倭の勢力が中国本土へ朝貢する道を遮《さえぎ》っており、倭からの朝貢は公孫氏が受けていたからと考えられている。

公孫氏が倭国をどのように侵略し、統治したかは、記録が一切残っていないためわからない。考古学上の知見もない。しかし、文献から公孫氏の政治的行動を伺う限り、武力による弾圧であったろうと推測できる。第二次世界大戦後、日本はアメリカの統治下にあったが、穏やかな統制であり、過酷な労働や拷問、処刑などは存在しなかった。しかし、公孫氏の統治下にはそのような現代の常識など通用しない。服従しない者は即処刑《しょけい》であり、服従する者でも奴隷とされた過酷な世界である。

公孫氏が倭国に対してどのような統制を行っていたのかを推測するために三代にわたる動向を検証してみよう。

公孫度《こうそんたく》

公孫延《えん》の子。父の公孫延《えん》が官吏として仕えていた玄菟《げんと》郡の太守の公孫琙《よく》の早死した子の名が公孫度の初名と同じ豹《ひょう》だったという理由でかわいがられ、その援助の下で学問を学んだ。董卓が実権を握ったとき、遼東郡の太守に任じられた。だが、地元には彼が身分の低い官吏出身であると軽んじる名族がいくつもあったため、これらの名族を罪に当てはめて百余家を滅ぼした。

公孫度は、遼東郡の支配を固める一方、高句麗や烏丸を討伐し功績を挙げ、曹操に賞され、武威将軍・永寧郷侯の地位を与えられた。しかし、公孫度はこの地位に不満だったため、朝廷から贈られた印綬を倉にしまいこみ、自ら遼東王と称した。

公孫康《こうそんこう》

公孫度の子。２０３年、父の死後、後を継いで太守となった。

２０４年、楽浪郡18城の南半、屯有県（現・黄海北道黄州か）以南を裂いて帯方郡を設置し、韓や倭にまで勢力を広げた。

２０７年、烏桓の楼班と袁煕・袁尚兄弟らが曹操に追われて遼東郡に逃れてきたとき、楼班、袁煕・袁尚らを殺し、その首を曹操へ差し出した。これにより、曹操から襄平侯、左将軍に任命された。

公孫淵《こうそんえん》

公孫康の子。父が死去したときはまだ幼年であったため、後を継ぐことはできなかったが、成人した２２８年、叔父の公孫恭《きょう》を脅迫して太守の座を継いだ。このとき、魏の皇帝・曹叡《えい》から揚烈将軍の官位を与えられた。

その後、魏と通じつつも密かに呉とも通じるなど巧みな外交を見せている。この経緯から、２３３年、呉から燕王に任じられた。しかし、心変わりして呉の使者を殺害し、その首を魏に差し出した。この功績により、公孫淵は大司馬・楽浪公に任じられている。

ところが、２３８年に遼東の地で自立し帯方郡と楽浪郡を支配下におき、燕王を称した。

魏は司馬仲達に命じて4万の兵を送りこれを討たせた。司馬仲達は２３８年8月、公孫淵をはじめ廷臣、遼東の成年男子７０００人を処刑した。その首は堆《うずたか》く積まれ京観《けいかん》（高楼）と呼ばれた。

魏が4万人の兵力を注入することについては魏王朝でも戦費がかかりすぎるとの意見もあったが明帝の判断により決定された。魏志明帝（曹叡）紀では以下のように伝えている。

『最初、明帝は、司馬仲達に公孫淵討伐にさしつかわすのに、4万の軍隊を進発させようと提案した。議論にあずかった臣下は、みな4万の軍勢というのは多すぎて、戦費をまかない難いと主張した。明帝は「4千里の彼方に征伐におもむくのだから、たとえ奇策を用うるとはいっても、やはり軍事力に頼るべきであり、戦費を安くあげようと計ってはならない」といい、かくして4万人を進発させたのだった。』

この記録は、当時東アジア最大の領土を有した魏が、諸葛孔明と戦った名将司馬仲達を用いたとしても4万人の精鋭を送らねば勝利が確信できなかったということであり、公孫氏があなどり難い実力を有していた証拠となるものである。

2．「魏志倭人伝」および卑弥呼の使者

魏の後に成立した西晋の時代、歴史編纂《へんさん》を任務とする史官「陳寿」が、西暦２８０年代に著した『三国志』の中の「魏書・東夷伝・倭人条」がいわゆる「魏志倭人伝」と呼ばれ、その中で倭国女王卑弥呼が魏へ使者を派遣したことを伝えている。その時使者に賜った詔書は以下のとおりである。

『その年十二月、詔書して倭の女王に報じていわく、「親魏倭王卑弥呼に制詔す。帯方の太守劉夏、使を遣《つか》わし汝《なんじ》の大夫難升米・次使都市牛利を送り、汝献ずる所の男生口四人・女生口六人・班《はん》布《ぶ》二匹《ひき》二丈《じょう》を奉り以て到る。汝がある所踰《はる》かに遠きも、乃《すなわ》ち使を遣わして貢献す。これ汝の忠孝、我れ甚《はなは》だ汝を哀《あわ》れむ。今汝を以《もち》て親魏倭王《しんぎわおう》となし、金印紫綬《しじゅ》を仮し、装封して帯方の太守に付し

仮授せしむ。汝、それ種人を綏撫《すいぶ》し、勉《つと》めて孝順をなせ。汝が来使難升米・牛利、遠きをわたり、道路勤労す。今、難升米を以て率善《そつぜん》中郎将となし、牛利を率善校尉となし、銀印青綬を仮し、引見労賜し遣わし還《かえ》す。今、絳地《こうち》交龍錦五匹・絳地縐粟罽《すうぞくけい》（毛織物）十張・蒨《せん》（あかね）絳《こう》五十匹・紺青五十匹を以て、汝が献ずる所の貢直に答う。また特に汝に紺地句文錦《くもんきん》三匹・細班華罽《さんはんかけい》五張・白絹五十匹・金八両・五尺刀二口・銅鏡百枚・真珠・鉛丹各ヽ、五十斤《きん》を賜い、皆装封して難升米・牛利に付す。還り到らば録受し、悉《ことごと》くもって汝が國中の人に示し、國家汝を哀れむを知らしむべし。故《ゆえ》に鄭重《ていちょう》に汝に好物を賜《たま》うなり」と。』

　卑弥呼が最初（238年）に派遣した使者は「大夫難升米、次使都市牛利」、2回目（243年）の使者として「大夫伊声耆」「掖邪狗」等8人、三回目（248年）には「倭載斯烏越」等、4回目には卑弥呼に代わって一族の女「壹与」が「大夫掖邪狗」等20人を派遣した。

　しかし卑弥呼をはじめ、使者達は中国王朝に使者を派遣するほど力を持った首長であったにもかかわらず、いかなる人物なのかは現在に至るも不明であり、それぞれの名前の正確な読み方すらわかっていない。

　森博達氏によれば、「難升米」「都市牛利」「伊声耆」「掖邪狗」「載斯」および「烏越」を呉音に基づいて読むと、それぞれ「なんしょうまい」「とじごり」「いしょうぎ」「やくやく」「さいし」および「うおち」となる。ただし肝心の魏音での読み方は不明である。

　しかし、森氏も、『「倭人伝」の音訳漢字を呉音で読んでも、倭人語を復元したことにはならない。』といわれているように、当時の倭人の発音を魏もしくは晋の人々が正確に聞き取れたか、そしてそれを正確に文字に写しとれたかは疑問である。

現代のわれわれ日本人同士でさえ、地方によっては全く聞き取れない日本語がある。ましてや、弥生時代末期の倭国と魏のあいだでの意思の疎通には、何重もの言語を通訳する必要があったはずであり、われわれの想像以上の困難や誤解があったものと思わなければならない。

3. 内藤湖南博士の学説から

私は当初、「物部氏《もののべ》こそ初期ヤマト政権の大王」であろうと考え、饒速日命の子孫の中で物部氏を重点的に調べていた。そんなある日、京都帝国大学教授内藤虎次郎《ないとうとらじろう》（湖南《こなん》）博士の「卑弥呼考」という論文のあることを知った。

内藤博士は１９１０年の５月から７月にかけて京都帝国大学文科大学文学部の雑誌『藝文』第１年に「卑弥呼考」と題する有名な論文を発表されている。その論題に示されているように、邪馬台国の女王卑弥呼が、誰であったのかを新しく探りだした学説であった。

それまでの学界では大勢が邪馬台国九州説であったのに対して、内藤博士は『魏志』倭人伝に記載されている国名の邪馬台国を旧説の大和に復し、斯馬国以下の国名を近畿地方の地名を中心に比定し、邪馬台国大和説を全面的に打ちだしている。

私が「卑弥呼考」の中で、『都市をヅシ（出石）とし、姫路津名郡の都志（豆之）も但馬に関係があり、イヅシの略とする。牛利はゴリ（心）の意で出石心《イヅシゴリ》すなわち都市牛利という人名であろう。』と解明されている文章に注目した。『「出石心」はわたしの研究テーマである饒速日命の子孫でかつ初期ヤマト政権の大王と考えていた物部氏の祖先である「出石心大臣命《いづしごりのおおおみ》」と同一人物に違いない。それならば、他の使者も饒速日命の子孫の中にみつかるかもしれない。』と思い、該当者を捜すこととした。その結果、以下のとおり使者を特定することができた。

4．「次使都市牛利」

「出石心大臣命」は物部氏の家譜《かふ》とされる「先《せん》代旧事本紀《だいくじほんぎ》」の中では饒速日命の3世の子孫と紹介されている。また、その子「大水口宿禰《おおみくちのすくね》」は日本書紀の中で第十代崇神《すじん》天皇に仕え、奈良県大神《おおみわ》神社の祭主に「大田田根子《おおたたねこ》」を推挙した人物として登場しているので、「出石心大臣命」は第九代開化《かいか》天皇の頃、活躍した人物であろう。

　中国人が、倭人から聴き取り、その音に該当する「都市牛利」の文字を当てはめたのであろう。「都市」に関しては異論もある。吉田孝氏はその著作「日本の誕生（岩波新書）」の中で『「魏志倭人伝」に次使都市牛利が4回でてくるが「都市牛利」は最初だけで、後の3回は「牛利」とのみ記されている』ことに注目した見解を述べている。

　それによると、中国では古くから「都水」「都船」など「都○」という官があり、のちの時代にも広く用いられている。そして「都市」と刻まれた伝世の官印があり、市を統《す》べる官と解されていることから「都市牛利」の「都市」も、倭の「国々の市を監する大倭」を中国風に表記したという可能性が強いとしている。

　私は吉田氏の見解を否定はしないが、別の見方も有ると考えている。すなわち『陳寿が気まぐれに「都市」を省略した可能性がある』というものである。つまり、「難升米都市牛利」と書かなくとも、「難升米牛利」で十分に通じると判断して「都市」を省略したのだろうと思う。

　私はこの欠落は「陳寿の気まぐれによるもの

で、それ以上の深い意味は無い」のであり、「魏志倭人伝」はわれわれが思っているほど倭国に関しては正確を期した歴史書ではないと考えるからだ。

百歩譲って吉田氏の見解が正しいとしても「牛利」が「出石心大臣命」であるという私の見解は変わらない。なぜなら当時に活躍したであろう人物の中で「牛利《ごり》」という人物に該当するのは「出石心大臣命」以外には宗像の三女神の一人である『田心《たごり》姫（日本書紀では多紀理《たぎり》姫）』しか居ないからである。田心姫は神であるから当然除外され、「出石心大臣命」のみが該当する。

5.「大夫難升米」

該当者見つからず

使者のうち副使である「都市牛利」が判明したので、正使である「大夫難升米」の特定は容易だろうと思ったが、この人物を特定することは難しかった。当時の豪族にはそれらしき人物名が全く見当たらない。

内藤湖南博士は「垂仁天皇（第11代）の時代に常世の国に使いした田道間守《たじまもり》であろう。」としている。確かに「田道間守」は天皇の使者として異国へ橘《たちばな》（現代の蜜柑）を捜して旅だったが、他国へ使いするという任務のみをもって「難升米」とするには根拠が乏しいと思われる。「田道間守」と「難升米」では音にも使用されている漢字にも共通点が全く無い。

あれやこれやと捜しているうちに、「難升米」の読み方が誤っているのかもしれないと気づき、古代における倭人の名前の読み方を再検討してみることとした。

中国の史書にみる倭人の名前の検討

古代、中国人による倭国人の人名表記を史書毎に比べてみると以下のようになる。

①『後漢書』倭伝（2世紀）
帥（師）升

②『魏志』倭人伝（3世紀）
卑弥呼、卑弥弓呼、壱与、難升米、都市牛利、伊声耆、掖邪狗、倭載斯烏越

③『宋書』倭国伝（5世紀）
倭讃、珍、倭済、興、武、倭隋、

④『隋書』倭国伝（7世紀）
卑弥呼、阿毎多利思比孤、阿輩台、哥多田比、利歌弥多弗利

中国人による倭国人の人名表記の分類

上記のように比較することで中国人による倭国人の人名表記には次のようなパターンがあることに気づいた。

①第1パターン（改変）
『後漢書』倭伝と『宋書』倭国伝の場合は「帥升」、「倭讃」、「珍」など、姓が一字、名（諱）も一字という中国的な姓名になっており、実名が改変されていると思われる。

②第2パターン（正しく聴き取り）
『魏志』倭人伝と『隋書』倭国伝は、「倭載斯烏越」や「利歌弥多弗利」など、姓もしくは名が3文字以上のものもあり、中国的な姓名とは異なっている。倭人の名前がその発音によって聴き取られ、写し取られているものと考えられる。

③第３パターン（誤った聴き取り）

『隋書』倭国伝の「阿毎」、「多利思比孤」とは「アマタラシヒコ」もしくは「アメタリシヒコ」というように一続きのものであり、「倭国の王としての称号」と考えられる。中国人はこれを個人の姓と名として聴き取ったのであるが、第６代孝安天皇の本名が日本足彦国押《やまとたらしひこくにおし》から明らかなように、「たらしひこ」は尊称であり姓名ではない。

魏の国の人々が倭人の地位・身分もしくは職業を名前と誤解したという説は私が初めてではない。

東京帝国大学の白鳥庫吉《しらとりくらきち》博士は「倭女王卑弥呼考」のなかで「卑弥呼とは女王の尊称で、その実名ではない。」とし、「姫尊《ひめみこと》」の転訛とする説を唱えている。対比的に「狗奴《くな》国王の卑弥弓呼《ひみくこ》」も「卑弓弥呼《ひこみこ》の倒置」、ヒコミコトの省略としている。

立命館大学におられた山尾幸久氏は「ヒメコ」と呼ぶのが正しく、ヒコ・ヒメは「神秘的な霊力をもつ男・女の意味」とし、地位についての尊称と理解している。

古代史家、平野邦雄氏も「倭人がヒメコと説明した言葉をこの字で表わした」とし、「貴人の女性」と考え、固有名詞というより「尊号、尊称」としている。また遠山美都男氏も「卑弥呼とは、王権の中枢にあって特定の女性が就任する地位・身分の呼称であったとしている。

「難升米」の読み方の再検討

私は「難升米」とは「都市牛利」と同様に、第２パターン（正しく聴き取り）と考えていた。古代史研究家は「なんしょうまい」もしくは「なしめ」と読んいるので、相当する音を持った名前の人物を探したのだが見当たらない。

そこで、第１パターン（改変）ではないかと発想を変え、前例をあらためて検討してみた。

「宋書」倭国伝では五人の倭国王の名前を「讃」

「珍」「済」「興」「武」と漢字一字で表されているが、その中の「武」は「勇猛である」という意味から勇猛で名高い「雄略天皇」に該当するという説が有力であり、倭人の名前がそれの意味に相当する漢字によって置き換えられたものと考えられている。

私は、「難升米」も倭人の名前がそれの意味に相当する漢字によって置き換えられたものではないかと考えた。そこで「難がある、言い換えれば、まずい一升の米」の意味を持った個人名を捜してみた。

「妙斗米」の発見

「難がある、まずい一升の米」の意味を持つ名前は見つけられなかったが、それとは対照的ともいえる意味の名前を持った人物を発見した。「妙なる、言い換《か》えれば、おいしい一斗の米」すなわち「妙斗米」である。「妙斗米」の読み方については、「新撰姓氏録《しんせんしょうじろく》」では「武礪目命」と表記されていること、「先代旧事本紀」では「六人部連《むとべのむらじ》らの祖《おや》」と紹介されていることおよび父が「あまとめ」であることから「むとめ」と読むのであろう。饒速日命5世の子孫でかつ尾張氏、六人部《むとべ》氏の祖先でもある。

自分の発見ながら半信半疑であった。「妙なる、おいしい一斗の米」の「難がある、まずい一升の米」へ改変されたということである。「正確を旨《むね》とすべき国史の中で、使者の名前を改変するなどということがあるのだろうか」と、その可能性について長い間確信が持てなかった。しかし研究を進めていく間に以下の理由と後述する三角縁神獣鏡等に関する考古学の諸先生方の研究成果を拝見して、状況証拠は十分にあり、改変は事実であると確信するにいたった。

「難升米」は「妙斗米」を改変したもの

使者「妙斗米」の名は「五斗米」と似ている。「妙斗米」の父「天戸目《あまとめ》」が、卑弥呼が伝えた「五斗《ごと》米道《べいどう》」に心酔《しんすい》していたため命名したのであろう。

当時倭国には「五斗米道」を含む道教《どうきょう》が広まっていた。そのことは「天戸目」の甥《おい》に「瀛津《おきつ》世襲《よそ》」という道教の影響を受けた名前を持つ者がいることからも明らかである。ちなみに、「瀛」の文字は「瀛洲山《えいしゅうざん》」からきたものである。「瀛洲山」とは「蓬莱山《ほうらいさん》」「方丈山《ほうじょうさん》」とあわせて東方の海中にある三神山の一つであり、不老不死の仙薬があると信じられていた。

「五斗米道」とは、中国において紀元2世紀のころから教団活動が始まった不老長生の神仙《しんせん》思想を背景とする現世利益的信仰のことであり、創設者は張陵《ちょうりょう》である。かれの教えと組織は、その子の張衡《こう》および孫の張魯《ろ》に伝わって完成した。

「五斗米道」の名は、信者に五斗（約10リットル・現在の5升）の米を寄進させたことに由来する。後には「天師道《てんしどう》」という呼称に変わり、さらに「正一教」と名を変えて現代まで残っている。呪術的な儀式によって信者の病気を治癒せしめ、流民に対し無償で食料を提供する場を設けていた。

当時後漢の王朝は滅亡の寸前で、各地に群雄が割拠していたが、張魯は呉の孫権《そんけん》、蜀の劉備《りゅうび》とならび立つ実力者として注目された。曹操の討伐をうけて逃亡したが、「金銀財宝、食料は国家の持ち物である。」として燃やすことなく曹操に引き渡した。曹操はその人柄に感じいって侯爵位と鎮南将軍の称号を授け、5人の子供たちも侯に列して優遇した。曹操はさらに張魯の娘を九男彭《ほう》（燕王曹宇のあざな）の妻に迎えている。

燕王曹宇は第2代皇帝明帝の幼友達《おさなともだち》であり、明帝が危篤《きとく》の際は8歳の曹芳《ほう》の補佐役としたが、先帝の遺詔により皇族は政治にたずさわれないとの中書グループ（魏王朝の役人で明帝の相談役であり詔勅政令を司った。）の進言があったため登用されなかった経緯がある。後に曹宇の子息曹奐《かん》は魏王朝第五代皇帝となり、２６５年、晋の司馬炎に国を禅譲することとなる。

陳寿が「魏志倭人伝」を著したのは、魏から正統に国家を引き継いだ西晋王朝に歴史編纂を任務とする史官として仕えていたときである。その陳寿をはじめ、魏および晋王朝にとって、「五斗米道」とは、以上に述べた「曹操と張魯」、「明帝と燕王曹宇」、「魏王朝最後の皇帝曹奐と晋王朝」のそれぞれ深い関係があり、「邪教」どころか「国《こっ》教《きょう》」に近い存在であり、名称といえども神聖にして侵すべからざるものであったものと思われる。そこへ東夷《とうい》が「五斗米」に似た「妙斗米」の名で使者として現れたのだから、本名のまま使者を皇帝に謁見《えっけん》させることを許すことは到底できなかったと考えても不思議ではない。

名前の改変を命令した人物は中書監・劉放《りゅうほう》である。理由は以下のとおりである。

①中国には名前を改変する慣習があった。

中国では皇帝の名は諱《いみな》として、その文字を使わずに他の字に置き換える習慣があった。例えば「彦」が諱ならば「諺」とかに書き換えなければならない。後漢時代に、「秀才」という官吏として推挙される名目が光武帝の諱「秀」を避けるため「茂才」と改められたこともある。「五斗米」に似た「妙斗米」を改変することは、高貴な名に似た名前は改変するという慣習があった当時の魏においては特別なことではなく、むしろ当然というべき行為であった。

②劉放には「五斗米道」を軽視してはならない理由があった。

明帝が死に臨んだ際、幼い曹芳の後見人として、皇族であり幼少時から気心の知れた燕王曹宇を選ぼうとした。しかし劉放を筆頭とする中書グループは、皇族が摂政として最高実力者となれば、長年皇族を虐待してきた中書グループが報復される恐れがあった。そこで、皇族を政治に加担させてはならないという先帝（文帝曹丕）の遺訓を楯に翻意させ、皇族ではない曹爽および司馬仲達を推挙して、燕王曹宇が後見人となることを阻止した経緯がある。そのため「五斗米道」の縁者である燕王曹宇に対し、いささかでも「五斗米道」を軽視していると思われる行動をとってはならない負い目があった。したがって東夷の名前「妙斗米」をそのままにして謁見させることは、蛮族の非礼を許したとの誹りを受ける可能性があり、危険と考えたのである。しかし、蛮族とは言え、朝貢に来た使者に対して、あまりにひどく改変することも遠慮せざるを得なかったため、「蛮族の名前としては、まずくて少ない米がお似合いだよ」とからかい半分の「難升米」と改変したものである。

ちなみに、日本では卑弥呼の「鬼道《きどう》」を「邪教」とみなしているがそれは誤りである。「三国志」では「五斗米道」も「鬼道」と表現されている。また前述したように「曹操と張魯」が姻戚《いんせき》関係にあることから陳寿が「五斗米道」を「邪教」扱いするはずがないのである。

「三国志」において、邪教は「淫祀《いんし》」もしくは「左道《さどう》」という表現が用いられている。「衆を惑《まど》わす」とは「大衆を心酔《しんすい》させる」とでも訳すべきであり、現代の意味に惑わされてはいけない。

③劉放は皇帝に代わって詔勅を作成する地位にあった。

中書監・劉放は文書が巧みであったため武帝（曹操）、文帝（曹丕）、明帝（曹叡）の3代に亘り詔勅《しょうちょく》を作成する任務にあった。「難升米」の名前が最初に現れるのは明帝の卑弥呼への詔勅であるが、それは瀕死《ひんし》の明帝に代わって劉放が作成したものである。陳寿もしくは他の歴史家は、使者の名前「難升米」をその詔勅により知り得たのである。

④劉放には手紙を改変した前例がある。

劉放は、敵である呉の孫権の手紙を魏の徳化になびこうと考えているかのように改変して蜀の諸葛亮（孔明）に届けさせ、両国の仲を引き裂こうと企てた経験がある。一国の命運を左右するような偽書を手がけた劉放にとっては、東夷の使者の名前を改変することには微塵《みじん》も抵抗がなかったものと思われる。

倭国の朝貢は司馬仲達の功績によるものだが、その司馬仲達を幼い皇帝・曹芳の後見人に推挙したのは劉放であり、司馬仲達に対しても遠慮する必要がなかったことも改変できる立場にあったと

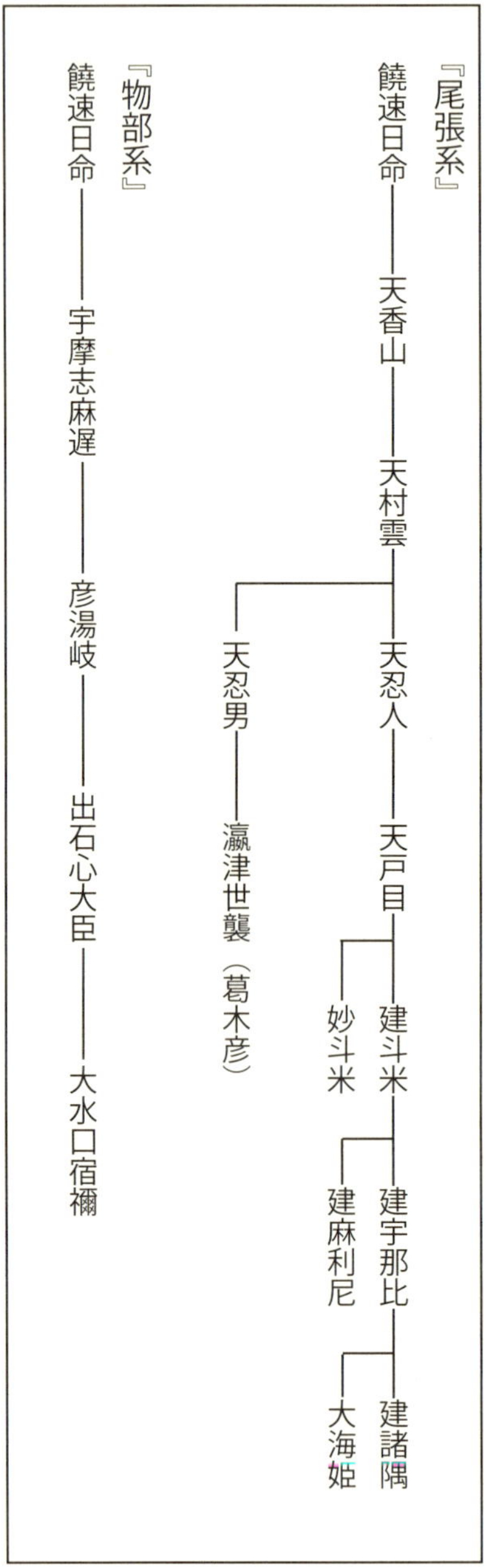

饒速日命系図

いえる。

「妙斗米」の一族

以上のように、「難升米」をそれの意味に相当する漢字によって置き換えられたのではないかと推測して「妙斗米」にたどり着いたのだが、「妙斗米」は正使として選ばれるにふさわしい人物であった。

「妙斗米」は饒速日命5世の子孫で尾張氏の祖先でもある。年代的にも「妙斗米」の兄の孫娘「大海姫《おおしあまひめ》」が崇神《すじん》天皇の妃となっていることから、第8代孝元《こうげん》天皇もしくは第9代開化《かいか》天皇の時代に活躍した人物であり、「出石心大臣命《いづしごりのおおおみのみこと》」と同時代の人物である。饒速日尊の長男の血を引く「妙斗米《むとめ》」が正使、次男の血を引く「出石心大臣命」が次使（副使）ということは家柄から見ても不都合は無い。

「妙斗米」の兄「建斗米《たけとめ》」は三河・遠江地方および大和葛城《やまとかつらぎ》山のふもと高尾張《たかおわり》に勢力を持った豪族であった。その「建斗米」の姻戚関係を見ると、彼自身は紀伊国造《きのくにのみやつこ》「智名曾《ちなそ》」の妹「中名草姫《なかつなぐさひめ》」を

葛城氏の本拠だった金剛・葛城山のふもと
（御所市池之内より）

妻に迎えて紀伊國との連携を強めている。「智名曾」の娘「乎束媛《おつかひめ》」は大伴《おおとも》氏5世「角日《つのひ》」の妃となっているので、間接的に大伴氏とも連携がある。また「建斗米」の祖父天忍人《あめのおしひと》を始め、父天戸目《あまとめ》、祖父の弟、その息子は葛城氏の姫を妻として迎えており、強大な勢力を誇っていたものと推察される。

「建斗米」の代からは葛城《かつらぎ》氏ではなく紀《き》氏との結びつきを重視したらしく、彼自身のみならず息子の建宇那比《たけうない》にも節名草《ふしなぐさ》姫という紀伊國名草《なぐさ》にゆかりの名を持つ姫を妻に迎えている。

神武天皇を始祖とする大和朝廷との結びつきもある。「建斗米」の孫「大海姫」および「智名曾」の曾孫「遠津年魚眼眼妙姫《とおつあゆめまくわしひめ》」が崇神天皇の妃となっている。これは建斗米および智名曾が大和朝廷に妃を出せるほどの勢力を持っていたことを示すものである。ただし、娘を妃として出すということは服従のしるしとも考えられるので、どちらの勢力が強かったかについては慎重に判断しなければならない。

「妙斗米」はこの兄、「建斗米」の命を受けて倭国《わこく》を代表する正使として魏に赴《おもむ》いたのである。

上述したように使者の正使も副使も饒速日命の子孫と判明したので、他の使者も同様に饒速日命の子孫にいるに違いないと考え捜したところ、次々と解明することが出来た。

6.「大夫伊声耆掖邪狗」

魏志倭人伝には第2回目の使者について「倭王、また使大夫伊声耆掖邪狗等八人を遣わした。…掖邪狗等、率善中郎将の印綬を壱拝す」と記しているが、この「使大夫伊声耆掖邪狗」を特定することも難しかった。

内藤博士は、「伊声耆《いさんが》」「掖邪狗《いさか》」は両様の対音でしるされた同一人であり、出雲国造の祖「伊佐我命」とされている。

内藤博士の『「伊声耆」と「掖邪狗」は同一人物』という説には私も賛成である。なぜならば、魏から率善中郎将の位を授けられたのは「掖邪狗」であり、「伊声耆」には位は与えられていない。しかも率善中郎将は第一回目の正使「難斗米」も授けられた位であるので「掖邪狗」が正使であることに間違いはない。だとすると「正使掖邪狗」の前に「副使伊声耆」の名前を置くとは考えられないので、両者が同一人物であると断定できる。しかし、「掖邪狗」にしても「伊声耆」にしても、該当する人物を探すことができなかった。

そこで私は「掖邪狗」と「伊声耆」は名前を表わすものではないと考えた。つまり、前述の第3パターン（聴き取り・誤解）に該当する名称で地位・身分もしくは職業をあらわすものであり、使者が身分を二とおりの呼び方で紹介したのを、魏の役人が「身分は伊声耆」および「姓名は掖邪狗」と聴き取ったのであろう。では「伊声耆」および「掖邪狗」とは、どのような身分を意味していたのだろうか。

「伊声耆」の意味

「伊声耆」として表わされる身分とは「石敷《いわしき》」である。「石敷」は「日本書紀」には現れないが「風土記《ふどき》」の中にあらわれる。「播磨国《はりまのくに》風土記」に『伊和《いは》大神の御子、建石敷命《たけいはしきのみこと》』と記載され、日本古代文学研究家で「風土記」の現代語訳者である吉野裕氏は「建石敷命」を『文字どおり頑丈な石を敷いた石室の神格化で古墳の神様。生前は勇武な豪族だったのであろう』と紹介していることから、「石敷」とは「石室を持つ古墳を築造する者」を表わすものと解釈して間違いない。

では風土記では「伊和《いは》大神の御子、建石敷命《たけいはしきのみこと》」

とは誰を意味していたのであろうか。

「伊和大神」について吉野裕氏は、「伊和君の奉斎した神」としている。その「伊和君」について同氏は『忌輪の製作に当たった職業集団の首長だがその来歴は不明。播磨では広範な活動範囲をもち、宍粟《しそう》郡の伊和村（石作里）を根拠としたが、播磨の主要な古墳所在地に居住した痕跡があるにもかかわらず、『風土記』以外の文献には名が見えず、おそらくは古墳時代の終末とともに消滅したと考えられる』としている。

「播磨国風土記」には以下のような「石作の里」の説明もあり、

『もとの名は伊和。石作と名づけるわけは、石作首《いしつくりのおびと》らが村に住んでいる。だから庚午の年（670年）に石作の里とした』とされている。

「石作首」について吉野裕氏は、「石作連の管理する部民の地方的首長」と注釈している。また「石作連」について同氏は、「石作連大来」の注釈として

『石作連は天火明命の6世孫建真利根《たけまりね》命の後裔で垂仁天皇の世に皇后日葉酢媛《ひばすひめ》のために石棺を作って献上したので石作大連公のカバネを賜った（姓氏録）。その一族で石棺・石室の築造を職としたもの。古墳築造期には石材の豊富な播磨では勢威のあった一族である』としている。

以上の記述から以下の結論が導かれる。

①伊和大神は伊和君の奉斎《ほうさい》した神である。

②伊和君は播磨では広範な活動範囲をもち、宍粟郡の伊和村（石作里）を根拠とした。

③石作の里には石作首らが村に住んでいる。

④石作首は石作連の管理する部民の地方的首長である。

⑤したがって伊和大神の御子「建石敷命」とは石作連の祖先である。石作連の一族は古墳時代の終末までに播磨の地から追われ、勝利者である大

和朝廷の正史すなわち公式記録である日本書紀や古事記に記録されることはなかった。そして「播磨国風土記」にのみ痕跡をとどめたのである。

伊和神社（兵庫県一宮町）

次に伊和大神を祀る「伊和神社」について検討する。

「伊和神社」は兵庫県宍粟郡一宮町須行名《すぎょうめ》に位置し、西暦927年に成立した「延喜式《えんぎしき》」の神名帳では宍粟郡の筆頭に「伊和坐大名持御魂《いわにいますおおなもちのみたま》神社」として掲げられている。これが神社として公的文献に見える最初である。

この神社名から、伊和大神を出雲の大穴持神《おおなもちのかみ》や大国主命《おおくにぬしのみこと》と同一視されることが多いが、私は同一視することは間違いであると考えている。

前述の吉野裕氏は『大穴持は大穴ムチともいって古墳洞穴に眠る地方君主の死後に与えられた一般的尊称とみるべきであろう。』とされているが、私は別の理由から大穴持神ではないと思う。その理由は以下のとおりである。

①「伊和神社」は揖保川《いぼがわ》の上流に位置しており、その周辺の地は縄文時代早期から開発されている。

②揖保川は宍粟郡と揖保郡のほぼ中央を貫流して播磨灘に注ぎ、山陰道の因幡の国（鳥取県）と播磨の国を結ぶ重要な通路であった。

③この揖保川の中流、龍野《たつの》市龍野町日山に「粒《いいぼ》坐《にいます》天照《あまてらす》神社」がある。

④「粒坐天照神社」の祭神は「天照国照彦《あまてるくにてるひこ》火《ほ》明命《あかりのみこと》」である。社記によれば、推古天皇2年（西暦594年）小神の地に住む長者伊福部連《いふくべのむらじ》駿田彦《ふじたひこ》のもとに容姿端麗な童子が現れ、「自分は天照国照彦火明命の使者である。」と称した。駿田彦はこの使者から稲種を授けられ、これを播くと一粒が万倍になったという。以来この地は米粒を意味するイイボ（揖保）郡と呼ばれ、人々はこの神に感謝し氏神として祀ることになったという。

⑤この話に登場する伊福部連こそは尾張氏系の氏族であり、「天照国照彦火明命」とは饒速日命のことであることから、揖保郡および揖保川水系は尾張氏の統括の下にあったことは間違いない。

⑥中流に尾張氏が陣取っている揖保川を出雲族が播磨灘に抜けることはできないし、占領する意味がない。したがって揖保川の上流に出雲系の大穴持神や大国主命が祀られるはずはないのである。尾張氏の一族がこの地の統括者であったことを隠すために、大和朝廷が本来祀られていたであろう饒速日命もしくは石作連の祖先を削除し、かわりに大穴持神を置いたのである。

「掖邪狗」の意味

次に「掖邪狗」が「石敷」と同様に「石室を持つ古墳を築造する者」を表わす身分と解釈できるかを検討する。

「掖邪狗」の読み方について森博達氏は呉音で「やくやく」と読むとされているが、私は「やざこ」と読むと考える。その文字は「石作」である。

「石作《やざこ》」を「やざこ」と読むのは、愛知県長久《ながく》手《て》町岩作《やざこ》村の例から確かめられる。同村の「石作《やざこ》神社」の祭神は「健麻利尼《たけまりね》」である。

第十一代天皇垂仁天皇の皇后「日葉酢姫《ひばすひめ》」が亡くなった時、石棺を作った功により「健麻利尼」は「石作連《やざこのむらじ》」の名を賜った（『新撰姓氏録』）。このことから、「石作」とは石棺作り意味することが確かめられるが、私は石棺作りのみならず、石室《せきしつ》および古墳そのものを製造する土木技術者集団を統括する者の意味であると考える。すなわち、「石敷」と同じ意味なのである。では「石敷」あるいは「石作」と呼ばれた人物とは誰であろうか。

私は「石作連」を授けられた「健麻利尼」こそが「大夫掖邪狗」であると考える。「健麻利尼」は饒速日命6世の子孫で、「建斗米」の5男であり、かつ前述の「難升米」こと「妙斗米」の甥《おい》である。古墳を築造した土木技師こそ、この「健麻利尼」であろう。

ちなみに現在「いしつくり神社」と呼ばれている「石作神社」の祭神も全て「健麻利尼」命なのであるが、本来「やざこ」と読むべきものが、時がたつに連れて忘れられ、読みやすい「いしつくり」に固定していったのである。「方違《かたたがえ》神社」が「ほうちがい神社」と、「住吉《すみのえ》神社」が「すみよし神社」と読みやすい方に呼び習わされていったのと同じ現象である。

「健麻利尼」命を祀る主な神社、所在地は以下のとおりである。

・山邊御縣神社「建麻利尼命」奈良県天理市別所町
・山邊御縣神社「建麻利尼命」奈良県天理市西井戸堂町
・石作神社　「建真理根命」愛知郡長久手町大字岩作字宮後
・石作神社　「建真利根命」愛知県海部郡甚目寺町大字石作字郷
・石作神社　「建眞利根命」岐阜県羽島郡岐

南町三宅木瀬
・田立建埋根命神社「建眞利根命」島根県邑智郡大和村字宮内

7.「倭載斯烏越」

「素戔鳴尊《すさのおのみこと》」である

3回目の使者「倭載斯烏越」について、内藤博士は『須佐能袁命《すさのおのみこと》をまつる須佐神社・佐世神社の地にいた名族であろう。』と、素盞鳴尊の縁者とされている。

森博達氏は「載斯」および「烏越」にわけ、呉音に基づいて読むと、それぞれ「さいし」および「うおち」と読むとしている。

私は内藤博士同様「倭載斯烏越」は「わのさしぬを」と読むと考えている。「倭載斯烏越」が卑弥呼の宿敵狗奴国《くなこく》との戦いが避けられない時期に魏へ援軍を依頼するという重要な任務を帯びていたことから推察すると、饒速日命一族と同等の重要人物であろう。私は以下の理由で「素戔鳴尊」本人と考える。天照大神の弟とされている素戔鳴尊を、「卑弥呼の使者だった」などと唱えれば、古代史研究家は間違いなく一笑に付すだろう。内藤博士も本心は「素戔鳴尊本人」と思いながらも確実な証拠もないので古代史研究家の常識に逆らえず、「素盞鳴尊の縁者」とされたのだろう。

「素戔鳴尊」の正体

①「素戔鳴尊」とは

『古事記』によれば、素戔鳴尊はイザナギが死者の国から帰還し、日向《ひむかの》 橘《たちばなの》 小門《をどの》阿波岐原《あはきはら》で禊《みそぎ》を行った際、鼻を濯いだ時に産まれたとする。『日本書紀』ではイザナギとイザナミの間に産まれたとしている。

統治領域は文献によって異なり、三貴神のうち天照大神は天界（高天原）であるが、月夜見尊《つくよみのみこと》は海または夜を、素戔嗚尊には夜《よる》の食国《おすくに》または海原を治めるように言われたとあり、それぞれ異なる。素戔嗚尊はそれを断り、母神イザナミのいる死者の国に行きたいと願い、イザナギの怒りを買って追放されてしまう。そこで素戔嗚尊は根《ね》の国へ向う前に姉の天照大神に別れの挨拶をしようと高天原《たかまがはら》へ上り、そこで粗暴な行為をしたので、天照大神は天岩戸《あまのいわと》に隠れてしまった。そのため、素戔嗚尊は高天原を追放されて葦原中つ国へ降った。降った所は出雲の肥河《ひのかわ》（簸川＝斐伊川）の上流であった。そこで八俣《やまた》の大蛇《おろち》を退治し、その尾から神剣、天村雲剣《あめのむらくまのつるぎ》を取り出すことになるのである。

②素戔嗚尊は天皇家の神ではない。

素戔嗚尊は「古事記」や「日本書紀」では天照大神の弟とされている。しかし、例え悪行により追放された神とは言え、宮廷固有の霊格だったとすると宮中で天皇家が奉ずる神としてまつられていなければならないが、その痕跡《こんせき》は全くない。また天照大神のように、特別な社に祀られ天皇が奉ずる神でもない。これらから考えれば素戔嗚尊は、「古事記」にしか現れない、天皇家に無関係な神なのである。

〈参考・御巫等祭神八座　東京都千代田区千代田1―1〉

・神産日神「カムムスヒ」・高御産日神「タカミムスヒ」
・玉積日神「タマルムスヒ」・生産日神「イクムスヒ」
・足産日神「タルムスヒ」・大宮賣神「オホミヤヒメ」
・御食津神「ミケツ」・事代主神「コトシロヌシ」

③素戔嗚尊は出雲の地方神

「出雲国風土記」には記紀に記載されている大蛇の話とか素戔嗚尊の孫である事代主神の国譲り

出雲大社

の話などは一切記《しる》されていない。そのかわりに以下のように飯石郡須佐郷《すさごう》の神であったと記述がある。

『須佐郷。郡家の正西一十九里なり。神須佐《かみすさ》能袁命《のおのみこと》の詔《のたまわ》りたまわく、此の国は小さき国なれども、国処《くにどころ》なり。故《か》れ我が御名は、木石《いわき》には著《つ》けじと詔りたまいて、即《やが》て己命《おのはみこと》の御魂《みたま》を鎮め置き給《たま》いき。然《しか》して即て、大須佐田・小須佐田を定め給いき。故《か》れ須佐と云う。

（素戔鳴尊は、この土地は狭いけれども良いところなので、木や石に自分の名を留めず、土地にその名を留めて、鎮座された。そして大須佐田・小須佐田を定められた。それゆえに須佐と言う。）』

鳥越憲三郎氏も「出雲神話の成立（創元社）」で以下のように素戔鳴尊は天皇家の神ではないことを述べられている。

『須佐之男命の出自

・記紀の出雲神話では、須佐之男命は出雲の神々を代表する最高の祖神として記されている。だが、須佐之男命は神門川中流の一地方神として発生したものにすぎず、出雲国を代表する栄ある祖神として優遇される資格をもつものではなかった。（略）

・飯石郡の一地方的神に過ぎなかった須佐之男命が、天皇のもつ統治権の神聖性を保障するために、記紀神話の中で作為的に大きく取り扱われた。そのため、出雲の神々の最高的地位にある祖神として、また皇室の祖神である天照大神の弟神としての、光栄ある地位を授かった。しかし、須佐之男命はどこまでも悪神として、悪気を身にまといながら、根国へ落ちのびて行く者として描かれているのである。したがって、この一連の神話の中で、須佐之男命は実は主役ではなく、道化《どうけ》的役割を負わされているものであった。さらにもっと明瞭にいうと、これらはただ高天原に対する根《ね》国《くに》の存在を説明するための、前駆的神話として語られたものに過ぎなかった。高天原と根国との真の対決は、次の大国主神による国譲りの神話で行なわれたのである。』

出雲地方と邪馬台国の結びつき

私は素戔鳴尊とは出雲を代表する人物で、饒速日一族とともに卑弥呼を共立していたと考える。出雲に大きな勢力が存在していたのであり、以下に紹介する遺跡がその証拠である。しかし、その出雲勢力がどのように衰退、消滅したのかは謎である。私は朝鮮半島において２０４年以降帯方郡を設置した公孫氏もしくは狗奴《くな》国の後身であるヤマト政権により滅ぼされたと推定しているが、更に調査を進めて実証したい。

①神原《かんばら》神社古墳

島根県大原郡加茂町大字神原（現在の住所は雲南

市加茂町神原１４３６）の神原神社古墳から卑弥呼が魏の明帝から賜った銅鏡とされる「景初《けいしょ》三年」銘の三角縁神獣鏡《さんかくぶちしんじゅうきょう》が１９７２年に出土している。卑弥呼が魏かに使者を送ったのは「景初三年」であり、その年号がはいった三角縁神獣鏡は現在のところ大阪の和泉黄金塚《いずみこがねづか》古墳とこの神原神社古墳からしか出土していない。出雲地方が邪馬台国と深く結びついていたことはこの三角縁神獣鏡からも明らかである。

②荒神谷《こうじんだに》遺跡

１９８４年、斐川《ひかわ》町神庭《かんば》の荒神谷と呼ばれる狭い各間に、整然と並んだ弥生時代の銅剣が姿を現した。それまで全国で出土していた銅剣の総数を越す３５８本もの銅剣が、１カ所から出土したのだ。さらに翌年、そこからわずか７メートル離れた場所で、銅鐸《どうたく》６個、銅矛《どうほこ》16本が出土。銅鐸と銅矛は異なる文化圏に属し、同じ場所からは出土しないという通説をくつがえしたのである。

③加茂岩倉《かもいわくら》遺跡

加茂岩倉遺跡は神原神社古墳と同じ加茂町（現雲南市）岩倉の丘で１９９６年に発見された。荒神谷遺跡から南東へ約３キロメートルの谷間から、一カ所からの出土数では全国最多である３９個もの弥生時代の銅鐸が見つかった。

（参考文献）

◇『日本書紀』　岩波書店
◇『風土記』吉野　裕訳　平凡社
◇『先代旧事本紀』大野七三校訂編集　批評社
◇『正史三国志』陳寿著今鷹真・井波律子訳　筑摩書房
◇『大和朝廷』上田正昭　講談社
◇『日本史の誕生』岡田英弘　筑摩書房
◇『倭国』岡田英弘　中央公論新社
◇『卑弥呼誕生』遠山美都男　洋泉社
◇『天皇と日本の起源』遠山美都男　講談社

◇『天皇誕生』遠山美都男　講談社
◇『女王卑弥呼の祭政空間』石野博信編　恒星出版
◇『邪馬台国の候補地纒向遺跡』石野博信　新泉社
◇『三角縁神獣鏡の時代』岡村秀典　吉川弘文館
◇『邪馬台国から大和政権へ』福永伸哉　大阪大学出版会
◇『神々と天皇の間』鳥越憲三郎　朝日新聞社
◇『出雲神話の成立』鳥越憲三郎　創元社
◇『銅鐸と邪馬台国』銅鐸博物館編　サンライズ出版
◇『日本の古代1　倭人の登場』中央公論社
◇『シンポジウム邪馬台国が見えた』学生社
◇『シンポジウム三角縁神獣鏡』学生社
◇『ヤマトの王墓』千賀　久　新泉社
◇『ホケノ山古墳』奈良県立橿原考古学研究所編　学生社
◇『黒塚古墳』奈良県立橿原考古学研究所編　学生社
◇『日本古代正史』原田常治　同志社
◇『シンポジウム古墳時代の考古学』学生社
◇『前方後円墳国家』広瀬和雄　角川選書
◇『前方後方墳の謎』植田文雄　学生社
◇『幻の王国・狗奴国を旅する』赤塚次郎　風媒社

上田　充夫（うえだ・みつお）
１９４６年生まれ。福井県大野市出身。40代から日本古代史、特に饒速日命を中心に調査、研究をはじめる。現在、「京極流箏曲を応援する会」事務局長。兵庫県在住。

魏志倭人伝の里数を技術する

住谷　善慎

1．12000里―10700里＝1300里から邪馬台国の所在は決まらない

え！と、驚いたり、本当ですか！？　と半信半疑の方が圧倒的に多いと思う。結論は本当なのである。少なくとも、この1300里をもとにアレコレ算数をして、だから邪馬台国は不彌《ふね》国からこの方向にこの距離にある、と立論するのは無理筋なのである。あまりにも平易に知られすぎた12000里と10700里であるが故に、その数値の持つ本質的な意味合いに立ち返って論考をすすめよう。

こうした里という単位をともなう数値（スカラー）には実体値か非実体値の2つしかない。

実体値とは誤差を大きく含んでいようが真値にちかかろうが、なんらかの計測や計算により得た現実の具体的な数値とする。

一方、非実体値とは計測していない数値とする。平たく言えば、測ってないのであるから、天から降ってきた、とか、根拠レスとか、まったくのアテズッポウの数値といった形容詞・副詞の世界であろうか。とにかく真値《しんち》もなければ誤差もない実体のない数値である。

2.「魏志倭人伝」から読み取る3つの里数

(1) 10700里

繰り返すまでもない。これは、帯方郡《たいほうぐん》から狗邪《くや》韓国《からくに》を経て北九州の不彌《ふね》国に至るまでの距離である。内訳は以下。

帯方郡～狗邪韓国	＝水行	7000里
狗邪韓国～対馬	＝水行	1000里
対馬～壱岐	＝水行	1000里
壱岐～末盧《まつろ》	＝水行	1000里
末盧～伊都	＝陸行	500里
伊都～奴	＝陸行	100里
奴～不彌	＝陸行	100里
	合計	10700里

さて、これらの里数はどんな方法で求めたものだろうか？　水行《すいこう》里数である海上の航海距離をどんな方法で計測したのだろうか？（もし、ご存じの方がいらっしゃれば、ご教示願いたい。）あるいは、机上の計算値か？　一方、陸行《りっこう》里数は？

まさか一歩一歩を数えたわけでもあるまい。おそらくは、人間が荷物（魏皇帝から邪馬台国女王卑弥呼への贈り物など）を担いで、50人位が隊列を組み、野を越え山を越え、川をわたり、森を抜け、曲がりくねったけもの道にも似たような小道を1日よく頑張って歩いたとして、例えば、藪《やぶ》こぎ道10里、山林道30里とか平坦道50里という上限値を経験上知っていたのだ。だから、出発地から目的地までに要した日数さえわかれば、多少、鉛筆をなめて味付けをしたとしても、その区間の里数は簡単に求まる。そうして求めた1日毎の小区間を次々と加算していって目的地までの里数を求めたのであろう。逆に、実際には水行・陸行ともに計測をしないで、この1日に進捗できる上限里数をもとに、北九州諸国あたりまでは、敢えて、高度な文化を持つ魏人は里数を知ってるぞ、といわんばかりに里数で記したのかもしれない。さらに、10700里の内の10000里（水行）、約93％は意味不明なのである。

が、いずれにせよ、ここでは実体値とするが、現代からみれば、その水行数値たるや信頼性はない。誤差を多分に含んだあやふや満載の里数なのである。天麩羅《てんぷら》に例えれば、厚手のドテッとしたコロモで揚げたようなものだ。食して旨くはない。やはり、旨《うま》いのは薄手に限る。

ただ、西暦240年魏使《ぎし》一行が魏皇帝の使命を帯びて倭人の帰国に同行して帯方郡からこのルートで来倭し、さらに日本海ルートで投馬国を経て邪馬台国に詣《いた》ったことは間違いなく言える。ちなみに、不彌国～投馬《とうま》国～邪馬台国は里数ではなく、日数である。しかも、水行が30日（＝20日＋10日）、陸行が1月である。この日数を数え間違えると言うことはほとんどないであろう。照りつける砂漠、雨季の密林、凍てつくツンドラ、時化《しけ》で荒れる大洋を何百日も行程したわけではない。

念のために申し添えると、実体値だからといって誤差の小さい正確な値であるとは限らない。『周髀算経《しゅうひさんけい》』の例を出すまでもなく、自明であろう。

(2)12000里

かたや、この12000里はどうだろうか？　わずかに「郡より女王国に至る万二千余里」と記すのみである。それ、見ろ。1万2千里と書いてあるではないか！といわれれば確かに書いてはある。が、だからといって、正確であるか否かはまったく別の話である。正史だから間違いない！　だからといって、そうであることを証明できるだろうか？　あの著名といわれる古代中国の数学書『周髀算経』《しゅうひさんけい》には天（太陽）と地（地球）までの距離を8万里と記している。余談はさておき、この12000里はどうやって知った里数だろうか？

計測値を積み上げたのか？根拠は？それとも？

これも御存じの方がいらっしゃれば、ご教示願いたい。

①実体値とすれば

何かの方法で計測した里数だろうか？　計測したとか机上とはいえ算出したとすれば、誤差を多分に含んだ過大評価した数値といえよう。（逆に、過小評価の場合もある）。実体値としよう。つまり、足したり割ったりの演算ができる対象と成りうる、とすればどうなるか考えてみよう。

皆さん、即、お気づきのように、不彌国から邪馬台国までの里数が

12000里（実体値）－10700里（実体値）

＝1300里（実体値）

の式により求まるのである。なんだ、結局は簡単に求まったではないか。やっぱり、1300里でいいのではないか、とお思いでしょう。が、チョット待って欲しい。実体値とすれば、次の事が言える。上述したように、不彌国～投馬国～邪馬台国は里数ではなく、日数で記されている。しかも、水行が30日（＝20日＋10日）、陸行が1月である。分かりやすく数式で書くと、結果、不彌国から邪馬台国までについては

１３００里（実体値）＝水行30日＋陸行１月（ともに実体値）

となるのである。

論理的に数式上では等しいとなるが、現実的に納得できるか？　たかだか１３００里行くのに水行が30日（＝20日＋10日）、陸行が１月要したとはとても考えられない。例え、陸行１日と改変したとしても。いやいや、そうではなくて、水行３日だろうか？

この１３００里は水行であれば対馬～壱岐に近いし、陸行であれば末盧国～不彌国を往復したくらいである。明らかに、１３００里がおかしいのである。つまり、１２０００里を実体値としたことに無理があるのである。

ちなみに、古来より、解釈の一つの争点となっている「水行10日陸行１月」は「水行10日さらに陸行１月」である。「水行10日あるいは陸行１月」であれば「或水行10日或陸行１月」と記されるべきものである。即ち、私は、いわゆる放射式は成立しない立場である。

②非実体値であれば

実体値でなければ、非実体値である、としかいいようがない。だれも、邪馬台国までは水行、陸行とも計測はしていないのである。所要日数は記録している。思うに、陳寿《ちんじゅ》は「三国志魏志倭人伝」を編纂《へんさん》するに際して、倭国の位置を「郡の東南大海の中に在り」、と方向を定め、次に、西域諸国の一つである大月氏国との里数を見計らって１２０００里という大枠にはめ込んだのであろう。政治的に意図した枠か否かはわからない。これが、当時の魏国（三国か？）社会の倭国に関する地理的な通念だったのだろう。郡から里数でもって、それらしく不彌国までは記しているが、それ以降の不彌国を少し過ぎると、１２０００里ぎりぎりとなり、さらに、投馬国あたりに至ると完全に12000里を越えてしまうことがわかってしまう。わざわざ「倭人は里数を知らず」と記しておきながら、魏人は一体どうしたことか。これはまずいことがおこった、と自ら気づいたのである。だからこそ、陳寿は不彌国以降については、里数からそれとなく日数に変えて、うまく切り抜けたのである。早い話が、12000里と設定することで倭国までの里数をもっともらしく装ったのである。

ここで、ダメだし的ではあるが、

12000里(非実体値)—10700里(実体値)

=1300里(実体値)

とできるだろうか?

わかりやすくいえば、いきなり〝天から降ってきたようなワケのわからない〟数値から〝厚手の衣で揚げたドテッとした〟数値を引き算すること自体に意味があるだろうか? これで、真値に近づくことができるだろうか?

(3)1300里

結果、わざわざ引き算をして得た1300里や、さらにこれをもとに、どのような数値を加減乗除したところで無意味なのである。

いいかえると、「帯方郡から不彌国までの行程は10700里でした。さらに、不彌国から陸行と水行で邪馬台国までの行程は1300里でした。従って、郡から邪馬台国までの全行程は12000里です」とは記していないのである。あくまで、「郡から不彌国までは10700里です。さらに水行20日で投馬国、さらに水行10日陸行1月で邪馬台国です。郡から邪馬台国まで12000里です」とだけ記しているのである。1300里ともなんとも一言も言っていないのである。12000里—10700里という引き算そのものが不用意な思い込みなのである。

ここで締めにはいろう。もうお分かりのように、1里=何kmだから云々、という以前に、最も肝心の12000里や10700里という数値そのものが、邪馬台国の所在を探るには、まったくもって意味を成していないのである。

　極論すれば、12000里をもって云々するのは、結果、邪馬台国は日本のどこかに所在した、とか、邪馬台国は間違いなく赤道近くの南海の果てに在るというに等しいのである。それくらいモヤッとした意味合いの数値なのである。

2. それでも他に手はあるだろう、と思われる方へ

(1)「一寸千里」といえるか?

　魏時代に使われていた1里が現在の何kmなのか、これさえ分かれば邪馬台国の所在はすぐにでも求まる。精度の良いkm数をつきとめるのだ。

　そして、古代中国の数学書『周髀算経《しゅうひさんけい》』にいう「一寸千里の法」にもとづくと、これから魏代の1里が何kmであったかが求まる、とする。

　近年、これに関連した算出方法を書物かインターネットで目にはしたが、素朴な疑問を持った。当時、ということは、古代中国の周か前漢、あるいは後漢時代か。この定理には地球の大きさ、特に、半径が重要であるらしいが、中国人はそれをどんな方法で何里だと知ったのだろうか? このことは、とりもなおさず、地球が丸いことを知っていたことになる。その古代中国の書物には、たしか、天(=太陽)と地(地球。正確には水平な地平か?)の距離を8万里、太陽の直径を1、250里と記してあったように記憶しているが…。古代に宇宙構造を知りたいと意識し、それなりに実験計測を行い、算出した成果ではあるらしい。だからといって、太陽までの距離8万里=1億4959万kmとなるだろうか? あるいは、太陽直径1、250里=1、392、400k mとなるだろうか？　等しいとすることに意味があるだろうか？　いかんせん、現代からみると、そのような内容の書物や「法」なのである。ただ、古代中国人の先端性、宇宙構造を知りたいとする熱意には脱帽する。

さて、話の枕はこれくらいにして、本題に入ろう。この「一寸千里」そのものの測定方法と結論はこうである。

「魏の首都洛陽とそこから南へ1、000里はなれた2地点で、夏至の日の正午、両地点に同じ8尺長さの棒を垂直に立て、同時に影の長さを測定した。その影の長さは洛陽で16寸、そこから南へ1、000里の地点で15寸であった。両地点の影の長さの差がちょうど1寸であったので1寸千里である」とする。これから魏時代の1里が何kmであるか求まるとする。

で、以下、素朴な疑問である。

①なぜ、8尺の長さなのか？　倍の16尺ではダメなのか？　逆に、4尺、あるいは1丈では？16尺だと、単純に「2寸千里」となるが…。

③なぜ、夏至《げし》の日なのか？冬至《とうじ》の日ではダメなのか？あるいは、春分？元旦？冬至の日はもっと影の長さの差が大きくなると思うが…。

もし、どなたか明解を御存じであれば、ぜひご教示願いたい。

(2)『三国志魏志明帝紀』に記す「四千里」

ここで一つ、『魏志明帝紀』から「里」に関する記述を御参考までに紹介する。

魏が遼東半島の公孫淵《こうそんえん》を討伐する時、魏皇帝明《めい》帝《てい》は遠征将軍司馬懿《しばい》に問うている。皇帝が洛陽から遼東まで「行路は廻阻にして四千里の軍行往還に何日かかるか？」と問う。司馬懿は「往くに百日、攻めるに百日、還るに百日、休息に六十日。一年で足りる」と返答している。まぎれもなく魏皇帝である明帝が認識している洛陽〜遼東半島までの距離四千里である。さらに、おわかりのように１日あたり40里の行軍を見積もっていることがわかる。再言しよう。中国正史『三国志魏志明帝紀』に記す四千里である。

さて、洛陽から遼東半島の仮に瀋陽《シェンヤン》までを四千里とすると、４０００里×０・５ｋｍ／魏里＝２０００ｋｍ程度である。地図上では、スケール（物差）をあてて直線ザックリ１３００ｋｍ。感覚的には、新幹線で東京から鹿児島までくらいか？

短里での１里＝63ｍ（筆者が短里説に反論する時に使う数値）とすれば、洛陽～瀋陽は４０００里×０．０６３ｋｍ／短里＝２５２ｋｍ。仮に、１短里＝０．１ｋｍとしても、４００ｋｍ。しかも、この場合、行軍１日あたり４ｋｍとなる。はたして、この距離感は２５０ｋｍとか４００ｋｍというのは現実的だろうか？　魏の時代に「短里」を使っていたといえるだろうか？

この『魏志明帝紀』に記す四千里が「短里」で表されているとは考えられないのである。

(3)ダイアグラム（ベクトル図）

邪馬台国の所在（位置）を求めるに、魏志倭人伝に言う方向と里数を１字１句たりとも改変しないでベクトル図を忠実に描き、それに、邪馬台国の位置を郡から東南方向、１２０００里（ベクトルの絶対値、大きさ）として落し込んだとしても、不彌国とその邪馬台国の距離は決して１３００里にはならないことがお分かりいただけよう。そして、邪馬台国を示す矢印の先に、ただならぬ違和感を覚えるであろう。（ただし、１２０００里がベクトルの大きさかそれとも単にスカラーなのかはわからない。まさか陳寿の時代にベクトル概念があったとも思えないので、きっとスカラーであろう）。つまり、基本的には１０７００里はスカラーであり、ベクトルの大きさではないことが認識できるのである。

もっとつきつめると、この１３００里はスカラーですか、それともベクトルの大きさですか、ということである。

これは、「魏志倭人伝」に記す情報が不確かなのは、何も陳寿や魏使の記録不備のためではなく、それでも精一杯、位置という情報を正確に記述しようとした証なのである。換言すると、位置というものは方向と距離の関数（工学的には変位という物理量を使った方がより正確かもしれないが、距離としておく）であらわせるのであるが、当時は位置というものを正確に計測記録し記述する技術力がなかっただけのことである。ご参考までに拙案によるダイアグラムを次に示す。

ダイヤグラム（ベクトル図）

邪馬台国の位置を技術情報としてとらえた。つまり、帯方郡から邪馬台国へ到る行程を記した情報（＝仕様書）をもとにベクトル的にどこまで追っていけるか、としてとらえてみたのである。

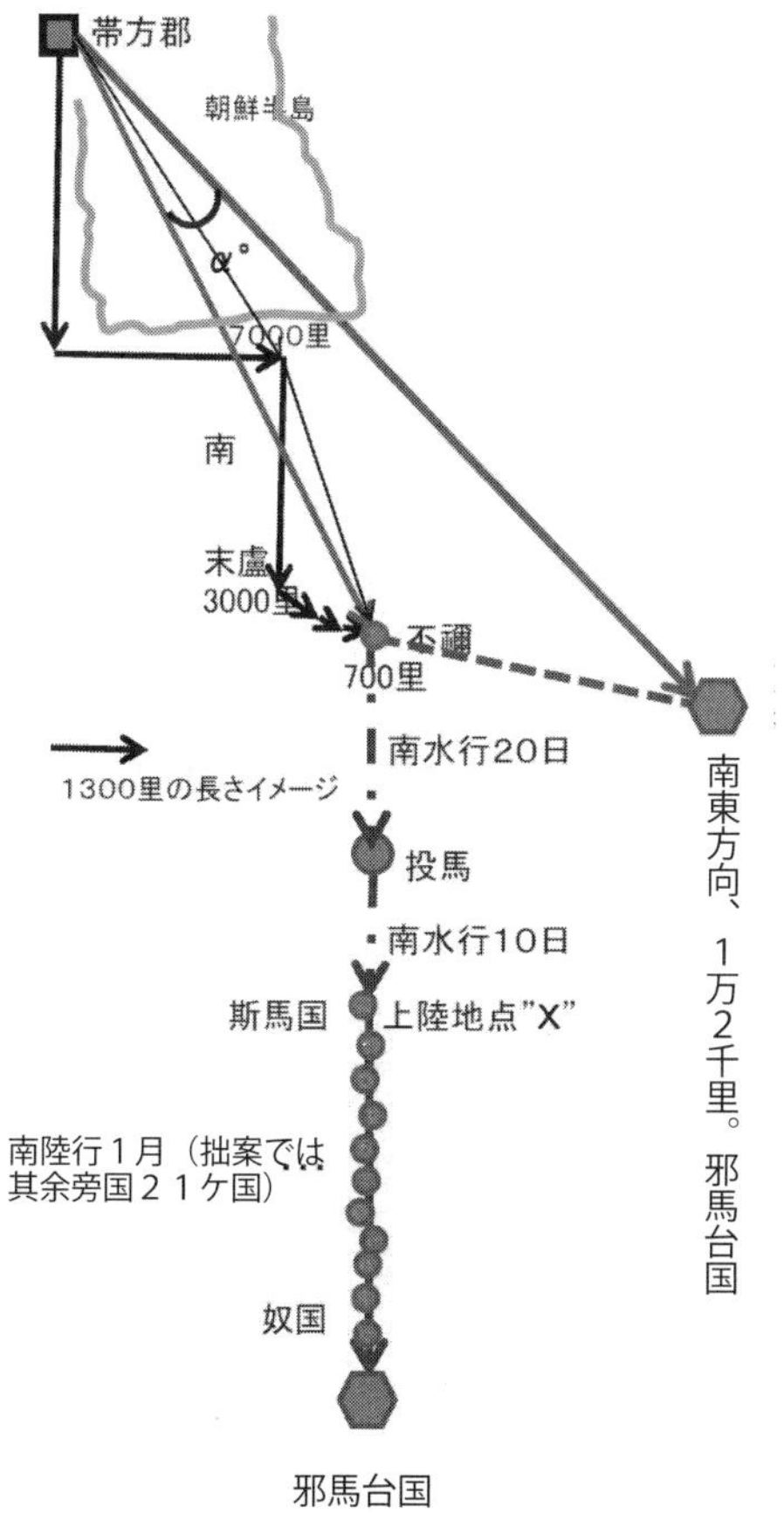

（注記：ここに表記した邪馬台国の位置は距離換算をしていないので、ダイヤグラム上では距離的に意味のない位置となっている。つまり、一義的に決まらない。）

⑷距離論か？　方位論か？

上述の⑶で、位置というものが方向と距離のベクトルであらわせる、ということがお分かりいただけたものと思う。方向と距離（長さ）という2つの量を持ってはじめて意味をなすのである。

再言すると、この2つは不可分なのである。移動するものの正確な現在位置を知るには小さな変位量について極力誤差を減らしたベクトルとして積み重ねてみないと分からないのである。

従って、距離が正確であるから、大和に所在した可能性が大である、とか、方向が南、さらに南で精度も高く整合がとれるので、距離さえ精密につめれば九州説に有利である、というどちらか片方に優劣をつけたところで落着しないのである。

3．結論

倭国の所在については魏志倭人伝に方向と里数が正確に1字1句記されているので、これらを忠実に解釈し、厳密に分析すれば一義的にわかるハズだ、といつのまにか多くの人が思い込んでいる。が、残念ながらこれらの方向と里数は所在（位置）を正確に示す情報ではないことがわかる。一見するとあたかも「魏志倭人伝」に記す国々を順に追っていけば邪馬台国の位置が一義的にわかるように装ってはいるが、その正確な位置を知るにはまったくアテにできないのである。意味不明の情報からは何をどう解釈しても確たる結果を得られないことは何も工学に限らず、自明である。

このことは、とりもなおざす、「魏志倭人伝」を1字1句たりとも改変してはならない、正史に1万2千里と書いてある、南に間違いなどあろうはずがない、素直によむべきだ、といった杓子定規的な解釈や窮屈なポジショニングや不用意な思いこみではなく、もっと実体に即した別の視点やアプローチや立論が必須であることを示唆している。そしてなによりも、実際に魏使一行が行程し、邪馬台国へ詣《いた》った倭の国々の並びを形成することが先決であろう。それが骨格である。そうやって設定した行程の方が、距離だ、方位だのといった従来の枝葉的なアプローチより格段に説得性が高い。

住谷　善慎（すみたに・よしちか）
１９４８年生まれ。香川県高松市出身。技術士（経営工学部門）、放送大学講師（非常勤）。慶應大学工学部卒業、大成建設にてプラントエンジニアリングや海外プロジェクトに携わる。２００７年退社後、日本古代史の謎解きの奥深さにハマり、現在は公開講座、生涯学習センターなどの講師（非常勤）を務める。
著書に『邪馬台国へ詣る道』（文芸社、２００９）。小稿に「邪馬台国と工学」、「大和　巨大前方後円墳の謎解きに挑む」、「高松塚　キトラ古墳の謎を解く」、「倭の七王からみた大王墓比定試論」など。現住所は高松市昭和町２―８―20

豆ちゃんの古代史探偵ノート

箸墓は鏡と剣

――星空を語る前方後円墳

豆板　敏男

箸墓古墳は、「前方後円墳」という形をしている。その「前方後円墳」という形には謎が多い。前方後円墳という形を研究者たちがどのように考えているのかを知りたくて、藤田友治『前方後円墳』を読んだ。だが、彼らの説はまさに百家争鳴状態だ。参考になるというよりは混乱してしまう。

ただ大いなる収穫は、「前方後円墳」という用語の意味が良く分ったことだ。この用語は江戸時代の研究者、蒲生君平《がもうくんぺい》の使った言葉だった。彼は、例えば箸墓古墳のような古墳の形を「牛が引く屋根付の車の形」と見なしたのだ。円墳部は人が乗る客室の部分で、方墳部は客室部に繋げてそれを牛に曳かせる轅《ながえ》（人力車なら車夫が握っているコの字型の柄）の部分。そう見なしたから、方墳部は進む牛車の前の部分で「前方」なのだ。他方、人が乗る客車の部分は牛車の後部にある。だから「後円」なのだ。なぜ「円」が後ろで「方」が前なのかは、そういうことだったのだ。

さて、その「前方後円墳」とは、古代史探偵豆ちゃん流には「箸墓型古墳」のことだ。もっと言えば、「前方後円墳」のルーツは箸墓だ。考古学や歴史学の本では、箸墓古墳のことが「最初期の前方後円墳」などと書かれている。だが「最初期」はあいまいだ。確かに、箸墓古墳に似た形の、より古いと思われる古墳も報告されていたりはする。だが、たとえそれが事実だったとしても、後の時代の前方後円墳の隆盛は、箸墓古墳があってこそのことだろう。箸墓古墳こそ前方後円墳の全盛のルーツに位置すると考えるべきだろう。箸墓古墳以後の前方後円墳は箸墓古墳をまねたに違いない。そういう意味で箸墓古墳こそ前方後円墳の第1号の古墳というべきではないか。

箸墓古墳（＝前方後円墳）は壷がモデル？

箸墓のような前方後円墳は、酒壷あるいは単に壷をモデルにしていると説明される。いわゆる「壷モデル説」だ。ずいぶん有力な説のようだ。尊敬する原田大六さんも酒壷モデル説だった。現在でも多くの論者達がそれを主張している。前方後円墳を「壷形墳」と呼ぶ研究者もいる。

だが、前方後円墳の由来は壷なのだろうか？古代人は壷をモデルにしてこの形を決めたのだろうか？　壷に似させようとしたのだろうか？

そうは思えない。ずっと以前、原田さんの酒壷モデル論に出会ったのだが、その当時から、その説明に違和感を抱いていた。

壷に似ているといわれても、そうかなあ、としか言いようがない。その一方で、箸墓の形が鍵穴形には見えた。謎の多い箸墓古墳が、鍵穴形をしている。そのことが何か気に入っていた。

さて結論から言えば、恐らく古代人は壷をモデルに箸墓を設計しなかった。図を見ながら説明しよう。

図①　箸墓古墳オルソ写真

図①は箸墓古墳の航空写真だ。このように緑の木々に覆われた箸墓古墳は、言われてみればそのシルエットは壷に似ている。だが、そもそも古墳とは、本来はこのような緑の森ではないのだ。作

図②　箸墓古墳赤色立体地図
（いずれも橿原考古学研究所提供）

られた当初はこのような姿ではない。

　図②は橿原考古学研究所が企画したレーザー測量による箸墓の立体地図だ。この立体地図は箸墓古墳の本来の姿を思い描かせてくれる。図③は北の上空からの俯瞰図だ。

　これらの立体地図は、箸墓古墳の作りを見事に証言している。従来の墳丘測量図でも、円墳部は5段に企画されていることが見て取れたが、このレーザー測量図では、墳丘図では曖昧だった方墳部の構造も分る。方墳部は3段に企画されていたのだ。さらに、従来は方墳部の側面には段築が無いと考えられていたが、このレーザー測量図からは、そうではなかったことも分かる。方墳部側面も段築されていたのだ。

　その段築とはこういうことだ。立体地図の円墳部を見てほしい。円墳部は五段に作られている。だから斜面は、滑らかな円丘としてつながってはいない。段差が出来ている。円丘を横にスライスして、そいつを一つ飛ばしに抜き取ったようだ。だから、各段のところで、テラスのような平坦な

図③　箸墓古墳赤色立体鳥瞰図（北上より）＝橿原考古学研究所提供

部分が出来ている。立体地図で言うと、赤い斜面に対して白っぽい平坦の部分だ。前方後円墳は、このような作られ方をする。これを考古学では「段築」と呼んでいる。正に段を築いているのだ。

もし、多くの壷形墳論者が言うように、古墳を壷や酒壷に似せたいのであれば、こんな段築は無用ではないか。このように段差が出来てしまえば、それは壷のイメージを遠ざけてしまうではないか。恐らく。箸墓築造者たちに「壷をモデル」にして造形するつもりはなかったにちがいない。彼らは、壷に似せようとなどしてはいなかったはずだ。

壷に似せようとしたのは、側面形ではなく平面形だと?

それなら言っておこう。先の緑の森として写っている航空写真なら、そのシルエットから「鍵穴形」とか「壷形」とか言われても「そうかなあ」と思えるだろう。だが、このように出来た当時の箸墓の姿にも似る箸墓を前にして、鍵穴形とか壷形とかいう印象を受けるのだろうか。

箸墓の緑の森から、木々を取り去って、築造当初の姿を思い描けば、側面の景色は、古墳全体が、葺き石で覆われているという姿であり、段築による異様な人工の段丘だということではないか。

箸墓（=前方後円墳）=三神山

そのような全身が葺き石で覆われた段丘は何を意味するのか？　古代中国には、神仙境にまつわる物語が伝わっている。その神仙境の一つに東方海中の三神山がある。その三神山には、玉と石で出来ている山（島）=瀛洲《えいしゅう》がある。箸墓と言う前方後円墳の側面の景観は、墳丘全身の葺《ふ》き石で強烈に印象付けられただろう。酒壷あるいは壷などという印象の入り込む余地はなかったはずだ。

結論として、箸墓古墳の形、つまり「前方後円墳」というデザインは、彼の古墳が「東方海中にある三神山」として企画されているからだ。葺き石に覆われた古墳全体は、石と玉で出来た山、つまり瀛洲（エイシュウ）を表しているのだ。豆ちゃんは、そのことに、ある日、偶然に気づかされた。

「中国では、三つの神山、「三神山」がありました。蓬萊《ほうらい》、方丈《ほうじょう》、瀛洲《えいしゅう》の三つです。その山には仙人が住んでいて不老不死の薬があると言われていました。…中略…後の文献によると、蓬萊というのは東海にあって、周囲が五千里。方丈は東海の中心にあって五千里四方とあります。周囲と四方という言葉から想像すると、蓬萊というのは丸く、方丈は四角い島だと考えられます。瀛洲《えいしゅう》は玉と石がある山だと言います。こういう思想が苑池の設計に取り入れられていきます」（亀田研究課長・奥野記者　毎日新聞）

記事に出合って驚いた。

「分った。前方後円墳が分った。そうだったんだ。前方後円墳は三神山だったんだ」

全身に電流、背中がビリビリ。以来、友人たちに語りまくったが、通じなかった。

「なぜこんなシンプルなことが誰にも気づかれないできたのだろうか」

もちろん、この記事は箸墓について語られたものではない。他のいかなる古墳について語られたものでもなかった。引用部分は、明日香の苑池遺構（7世紀の天武天皇の時代の庭園遺構）のことを解説した新聞記事の一部分なのだ。

だが、記事の引用部分を読んで、これはまさしく前方後円墳のことだと思った。前方後円墳の説明として、ピタリと当てはまっていると。丸い蓬萊山と四角い方丈山をくっつけて、それら全体を葺き石で覆えば、それは、前方後円形の丘になる。その表面全体が葺き石で覆われているのなら、それは、正に瀛洲《えいしゅう》を意味する。エイシュウとは、「玉と石のある山」だから、つまり葺き石で覆われた古墳の姿と通じる。前方後円墳とは、三神山だったのだ。式で書くとこうなる。

（蓬莱＋方丈）×エイシュウ＝前方後円墳

前方後円墳とは、これ以外の何物でもない。「蓬莱・方丈・エイシュウ」古墳。三神山を同時に一体で表す。それが造形のアイデアだ。

こう言い換えてもいい。つまり、前方後円墳とは、

「三神山を一つの形に合体させた古墳」
「三神山一体型古墳または、三神山合体式古墳」
「蓬莱・方丈・エイシュウ古墳」

実にシンプル。実にシンプルなアイデアだ。その後、図書館で調べてみたが、「蓬莱山だ」ぐらいまでは言う研究者がいたが、三つを合体させてあるとは誰も言っていなかった。前述の藤田友治『前方後円墳』にもそのような研究者は紹介されていない。

何なのだろうこれは？　恐らくは、古代人の発想に現代人が付いていけないのだ。古代人の方が発想力が豊かなのか。いや、多分、暗黙の内に古代人を甘く見ているのではないか。

「…たいしたもんや。そうか、なるほど、東方海中にあると信じられていた三神山を三つともひっくるめて一つの形に表したんだ。まあ、何と欲張りな。けど、なんとスケールのデカイ、見事な発想力」

当時の感想だが、今でも付け加えることはない。この「三神山」のアイデアこそ、そもそもの箸墓の造形動機ではなかったか。

ちなみに三神山について少しだけ説明しておけば、三神山は古代中国で、紀元前から語られる神仙境のひとつだ。中国の東方の海中にあるとされた3つの島からなる神仙境のことで、3つの島は同時に3つの山でもあるので三神山だ。それらの

島または山には仙人が住み、不老不死の仙薬があるとされた。秦の始皇帝が、この不老不死の仙薬を求めて、方士（不老長寿の呪術、祈祷、医薬、占星術、天文学に通じた学者）の徐福を派遣したことが司馬遷の「史記」に載っていて有名だ。

卑弥呼は2、3世紀を生きた人物で、箸墓も3世紀の築造だと考えられている。2世紀は道教という漢民族の土着的・民俗的宗教が隆盛の時代だった。神仙思想を含む道教の影響を受けた墓作りは大いにありうるだろう。ただ、それには箸墓築造を支える技術や文化が卑弥呼の魏への朝貢（238年）以後に日本列島に伝わったのだと考えることは出来ない。箸墓古墳を支える技術、文化はもっと根の深いものに違いない。

天からの視線

箸墓は三神山として作られた。だが、箸墓の形は三神山だけでは説明できないことがある。例えば、箸墓の平面形は、円と三角形がくっついた形をしている。この形こそ前方後円（墳）なのだが、「前方」といいながら四角形（方）ではなく三角形。四角い山＝方丈山のはずが、何故に箸墓は三角形の前方部なのか。三神山なら円と四角形をくっつけてもよかったのに。

ところで豆ちゃんは今、箸墓古墳の平面形を問題にしている。その平面形の形が四角ではなく三角だと。だが、これってちょいとおかしいのでは？

「そもそも、古墳の平面形にどんな意味がある？飛行機もヘリコプターもない時代、古墳の平面形など誰も目にできない。例え高い山に登っても、現代のような、飛行機から見るような平面形は見られない。我々が航空写真で見る古墳の平面形は、古代の誰にも見られなかったのだ。それなのに、古代人にとって、古墳の平面形など、どんな意味があったというのだろう？」

古墳を上空から見るということは現代でこそ難しくない。航空写真がある。我々は簡単に古墳の上面の景観を知ることができる。だが、古代人にはこれはできなかった。やろうとすれば高い山に登ってそこから見るしかないが、それでも正真の平面形とはいかないだろう。真上からみる方法は古代にはなかったのだ。現代でのみそれは可能だ。ただし、そのかわりにといってはおかしいが、現代では、我々が見ることができるのは、古墳の出来た当時のままの上面の姿ではない。箸墓のように巨大な前方後円形の森だ。例外は神戸の五色塚古墳のような復元古墳だけ。

古代にもし航空写真があったら、箸墓の姿は神戸の五色塚のような姿に写っていただろう。だが、その平面形を古代の誰が見たというのだろうか。誰も見られないではないか。

それなのに古代人は、意識して箸墓古墳の平面形を造っている。見る人もいないのだからどうでもいい、と思っていたはずはない。われわれが形を造形するのは、見せるためだ。また、見られることを意識するからだ。だから装飾もする。だったら、古代人も見せようとしていたし、見られていると意識していたのだ。だからこそ、古墳の平面景という形がそこに作られている。

「一体誰に見せたかったんや？」

天上の神に供えた同心円と三角形

古墳は真上から見られる姿（形）を意識して設計されている。なぜなのか。上空から見ているモノが居たからだ。

「上空から見ているモノ？」

それは、モノというべきではない。『存在』あるいは『神』と言うべきだ。そうなのだ、彼ら古代人は、天空に居ます神々からの視線に備えて、古墳の平面形を設計したのだ。天の神からの視線を意識していたのだ。神が天空から見そなわす古墳なのだ。古墳の平面形とは、天空の神々に捧げられた形（姿）なのだ。

卑弥呼（＝倭迹迹日百襲姫）の古代、彼女等の上空には、天なる神々がいた。それは、人々の思いの中に確かに存在していたのだ。日本書紀や古事記では高天原は神様だらけだ。その高天原《たかまがはら》とは、文字通り「高い天の原っぱ」で天空のことだろう。古代人は天空に神々が居ると考えていた。

このことは、どうでもいいことではない。われわれの思いの中に神がいないからといって、彼ら古代人を考えるとき、彼らの神のことを忘れてはだめだ。彼らの伝えた話には、天なる神々がそれこそ数多登場する。彼らによれば『八百万《やおよろず》の神』だ。八百万の神々は、高天原にいますのだ。そこから下界の古代人たちを見そなわすのだ。それが古代人の論理なのだ。

「そうか、八百万の神々は、天空に居たのだ。古代人の神々は、星神なのだ！」

では改めて問おう。彼ら古代人が天空の神々に供えた、箸墓古墳（前方後円墳）の平面形とは何か？円墳部の円と方墳部の三角形の意味とは？

もう一度箸墓のレーザー測量図を見よう。円墳部は、葺き石の斜面（図ではグレーの部分）と、テラス（図では白い部分）が交互に繰り返されている。そして、図のように同心円が描かれている。同心円が強調されているようだ。同心円、同心円の帯、同心円帯が印象深い。

壷モデル論者なら、箸墓の平面形の輪郭ラインの形を強調して「これぞ壷形」というのだろうが、古代史探偵は違う。こうして復元図を見ている限り、輪郭ラインが印象深いというより、同心円の方に目を奪われる。古代史探偵以外の誰であってもそうではないだろうか。同心円が印象深くないだろうか？

強調されているのは同心円。円墳部の同心円が強調されている。正に、段築とはこの同心円を描き出すためのものではないのか。同心円を描くために彼らは、段築という技法を使っている。

「そうか、鏡だ！　鏡の背面、映す面ではなく、模様の描かれている面、そこには、同心円帯が、ほとんどの鏡で使われている。箸墓の円墳部の平面形は鏡を表現している。それなら前方部の三角形は、……、鏡と剣、鏡と来れば剣、方墳部の三角形は剣を表している…」

箸墓の平面形＝鏡と剣

鏡を象徴する同心円と剣を表す三角形、それを組み合わせたのが箸墓という前方後円型の墓だ。箸墓の平面形は、鏡と剣なのだ。シンプルな造形、シンプルな表現意図だ。古代人はすぐれた造形家だ。

ここで断っておこう、円墳部を鏡だと直感したのは、等高線図やレーザー測量写真からだった。だが方墳部の剣を察知したのは視覚からではない。一種の連想だ。鏡と剣という組み合わせが閃《ひらめ》いたからだ。

だが、その連想は古代史探偵だけのものだろうか。それは古代人にとってもそうだったはずだ。ややこしい言い方だ。言いなおそう。鏡と来れば剣という連想は、古代人こそそうではなかったか。古代人こそ、その様な連想をする人々だったはずだ。

豆ちゃんの場合、鏡と剣という連想は「三種の神器」からだった。その三種の神器という連想は、「道教」に関する福永さんの本を思い起こさせた。

道教と鏡・剣

福永さんは、道教の神器の鏡と剣が、天皇家の神器に取り入れられたと言う。そして、そもそも、「天皇という言葉そのものが道教の用語だ」（福永光司「道教における鏡と剣」）とも言う。つまり、天皇家の三種の神器は、道教の神器が起源で、「天皇」の用語も道教が起源なのだと。
古代中国の二十八宿の星座には、『天皇大帝《てんこうたいてい》』

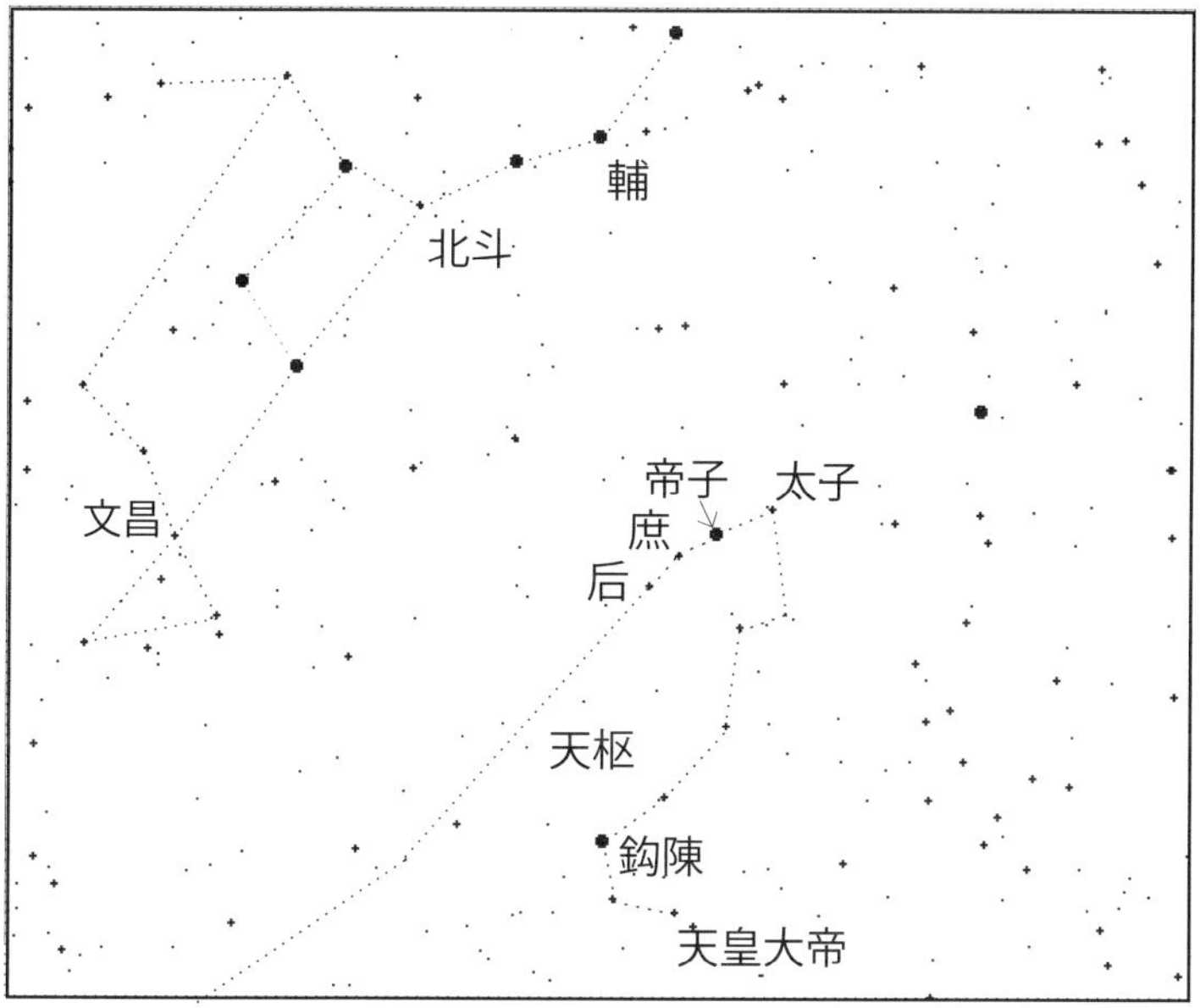

図④　北極星と天皇大帝

という星があった。星図にある鉤陳《こうちん》とはポラリス、つまり、今の私たちの北極星のことだ。だが、この北極星は、真の天の北極から少しだけずれた位置にある。そこで、古代中国では、このポラリスの近くの天の真の北極にある星として、「天皇大帝」を考えた。つまり、実際に星はなくても天の真の北極の位置にあるべき星として仮想したのだろう。この天皇大帝から「皇帝」という言葉が生まれている。この星が、天の北極に位置し、全ての星星の動きの中心にあるからだろう。

だが、「天皇」という言葉もこの星座に由来しているのだ。つまり、「天皇」は「皇帝」の向こうを張った言い様なのだろう。どちらも星空起源の言葉なのだ。ということは、「天皇」を使った古代の連中は、古代中国の「皇帝」の由来を知っていたのだろう。

だが、実は天皇という言葉だけの話ではない。星空がルーツといえば、天皇家の三種の神器もまた星空がルーツなのだ。三種の神器といえば「鏡・玉・剣」だが、これは星空のよく知られた星座を象徴するものなのだ。

鏡と剣に話を戻そう。すでに二世紀の頃、九州の弥生墳墓にも、鏡と剣の副葬が見える。さらに副葬品には玉類もあった。つまり三種の神器がそろっていた。もちろん、箸墓以後（箸墓は発掘調査されていないが）の古墳にもある。箸墓以前とされるホケノ山古墳でも鏡と剣が出た。

福永さんは指摘する。

「鏡が神（天照大神）もしくは神である人（神人）を象徴するという考え方や信仰は、同じような思想信仰として、日本よりはるかに古く中国に見られます」（前掲書）

つまり、鏡は「大神もしくは天神の象徴」だった。だからこそ、それらは、大王（天皇）の墓とされる古墳に埋納される。埋葬された墓の主の象徴物だったのだ。

原田大六*さんが発掘した「平原《ひらばる》弥生古墳」（平原遺跡の1号墓）では、四面の径46・5センチの大鏡を含め、39面の鏡が発見されている。鏡は、確かにオオヒルメムチという神人の被葬者にふさわしかったのだ。そうして、その象徴物を持って彼らは死後の世界に旅立ったのだ。その平原遺跡から出土した「平原大鏡」を示しておこう。この径46・5センチの平原大鏡は図のように5重の同心円帯で企画されている。箸墓の円墳部の5段築成のモチーフ（動機）はこのような鏡だったのではないか。

＊原田大六「実在した神話」で、平原遺跡の1号墓の被葬者を日本書紀のオオヒルメムチ（大日孁貴）だとしている。その大日孁貴とは天照大神の古い言い方のようだ。原田は大日孁貴は天照大神という意味のいわゆる地位のような称号だとみて、実名はタマヨリヒメ（玉依姫）だとしている。しかし古代史探

偵は、平原遺跡の被葬者は日本書紀のイザナミ（伊奘冉）女神だと考える。（拙著「星空の神話1　平原遺跡のイザナミ女王」参照）

＊平原大鏡は図のように5重の同心円帯を持っている。

・一番外側の黒く見える無文様の部分

・その内側に何本もの同心円が重なっている部分

・黒い背景に八方手裏剣状の輝きが浮かび上がっている部分（実は太陽の光輝の表現）

・白っぽい背景に黒い八つの葉っぱか木の実のようなものが出ている部分（実は太陽コロナの表現）

・一番内側の円の部分（鏡の鈕の部分）

図⑤　平原大鏡（平原遺跡出土内行花文鏡〈11号鏡〉）＝文化庁保管、糸島市立伊都国歴史博物館提供

後円部は鏡

古墳時代を通じて、古墳に鏡が副葬される例が多く見られる。それらの古墳からの鏡は、福永さんによれば、被葬者が神人であることを意味する。さらに、神人や神について、福永さんの本から引用させてもらおう。

「中国古代の『荘子』の哲学で、『神人』とか『至人』とか呼ばれているのは、宇宙と人生の根源的な真理、いわゆる『道』の真理を体得した哲人のことですが、この至人（神人）の徳は鏡によって象徴され、鏡は至人の体得している『道』の真理を哲学的に象徴するとされます。…中略…一方また、剣を皇帝権力の神聖性の象徴とする道教的思想信仰も、漢の王朝の創始者、高祖劉邦の斬蛇剣の神話として既に古く『史記』や『漢書』に記述が見え、…」（福永光司、前掲書）

福永さんの指摘からさらに推理してみる。

卑弥呼（モモソ媛）は特別な存在だった。その卑弥呼が、死後に住まうべき場所はどこだろう。彼女が死後に復活すべき場所は、三神山をおいて他になかったのではないか。卑弥呼はその山で、神人という最高ランクの存在として復活すべき存在ではなかったか。そう願われ、それが当然と思われた卑弥呼だっただろう。それが、古代人達が箸墓を「三神山の合体形」として設計した動機だったのではないか。

さらに言おう。魏志倭人伝の記述からは卑弥呼がかなりな長寿だった様子が伺える。その長寿の倭国女王・卑弥呼を、その長寿にふさわしく、不老不死の仙薬があり神人が住まうという三神山としての墓に葬り、そこで神人として復活を願うモニュメント、それが前方後円形の箸墓だったはずだ。

その三神山の箸墓は、同時に神人である卑弥呼が眠るために、その後円部の平面形に鏡の形をとらせてあるのではないか。そのように作られたのだろう。もはや卑弥呼にいたっては、鏡を副葬するだけでは足りなかったのではないか。墓の形にまで表したかったのだろう。もちろん、卑弥呼の墓である箸墓には、１０４面の鏡が副葬されているだろう。もっと具体的に想像すれば、棺を取り巻くように１００面の魏から贈られた三角縁神獣鏡。棺の中に四面の大鏡。その4面の大鏡は、平原遺跡の大鏡のように、卑弥呼自身を表す鏡だ。

そうして、仕上げは、箸墓円墳部の平面形という巨大な鏡。箸墓の形は、その円墳部の形は、そのように設計されていたのだろう。

前方部は剣

箸墓の円墳部はその平面形が鏡として企画されている。一方、方墳部の造形アイデアは、剣だ。その理由は箸墓の墳丘測量図やレーザー測量図から考えられる。箸墓の前方部は、レーザー測量図から分るように3段に段築されている。この3段という段築が方墳部が剣の理由だ。

日本書紀では、イザナギ(伊奘諾)やスサノオ(素戔嗚)が自らの十柄の剣を「3段に打ち折る」描写がある。またアマテラスがスサノオの剣を3段に折る場面もある。さらにアマテラスがスサノオを臨戦態勢で待ち受ける場面では、彼女は長さの違う3本の剣を身に帯びている。十柄の剣と九柄の剣、八柄の剣だ。これらの場面で、剣は3段に折られたり、長さの違う3本の剣だったりしている。つまり「3段=剣」という繋がりがうかがえる。箸墓の方墳部は剣を表すので3段の段築で築かれているのだ。もちろん、方墳部の三角形は剣のシルエットに通じる。

ちなみに「3段に折った剣」や「長さの違う3本の剣」とは何か。実は星空の有名な星座なのだ。

オリオン座の三ツ星がその実態なのだ。オリオンは東の空に登ってくる時、三ツ星は縦に3つ並んで昇ってくる。これが3段に折った剣。そのオリオンが南の空に昇ると見慣れたオリオン星座の姿となって、三ツ星は斜めに並ぶ。これが長さの違う3本の剣。

オリオンの三ツ星は、洋の東西を問わず、男神や女神の腰のベルトや腰紐に描写される。そして、腰に挿した剣をも意味する。小三ツ星を剣や男性器、女性器に見立てることもある。

日本書紀の日本神話は、一般には星空を語っていないと思われている。考古学者も歴史学者も、日本神話ほど星空を語らない神話は世界的に見ても珍しい、と思い込んでいる。だが、日本書紀の実態は違うのだ。古代人はおどろくほど星空を語っているのだ。日本神話と呼ばれている物語の中で。

箸墓方墳部が3段に段築されていることはオリオン星座の三ツ星に深く関係している。だが、ここではこれ以上は深入りしないでおこう。

「水の呪術」=丙辛の干合

ここまで、箸墓の形の意味を「三神山」と「鏡と剣」というアイデアから考えてみた。箸墓の形は、三神山として決められていたが、同時にそれは、鏡（円墳部）と剣（方墳部）としても造形されていた。だが、箸墓の前方後円墳という形の意味はそれでは終われない。

「鏡と剣を合わせた形に作っているが、それならそのことには、どんな意味があるのか？」

もちろん、三種の神器の鏡と剣という意味がある。そして、箸墓の主・卑弥呼は、天皇家の祖先だと考えられる。それなら、鏡と剣は古墳の形に採用されてもよさそうだ。

それでも、なぜ剣と鏡はセットなのか？　福永さんによれば、それは道教の神人の持ち物だという。それならなぜ、鏡と剣が神人には不可欠なのか？

この謎を解くヒントは、吉野裕子さんの本で与えられた。いや、ヒントというよりは、答えを与えられたといっても良い。

吉野さんによると、剣は陰陽五行の信仰における「呪物」なのだ。そして、前方後円墳とは、陰陽のバランスとして、円墳の天、方墳の地という天地合一（陰陽合一）の姿をとっているモニュメントなのだ。円は陽で方は陰、円墳部と方墳部が繋げられて、それで陰陽の合一なのだ。その、天地の出会い、円と方の出会いとは、何を意味するのか？

吉野さんは、「丙辛の干合」（ヘイシンのカンゴウ）という古代人の考え方があったという。吉野さんの説明を要約しよう。

・丙とは円錐形の山。古来、火を象る山として、円錐形の山容を持つ山が信仰されてきた。
・辛とは、剣。辛の字は剣の象形だ。
・十干では、丙と辛が出会うことを「丙辛の干合」という。
・「丙辛の干合」は、化して五行の「水」を生む。
・つまり、丙と辛が合って水が生じる。

これは、古代人の自然観あるいは宇宙観のようなものなのだ。自然界はそのような仕組みで成立していると古代人は見ていたのだ。

丙辛の干合をヒントに箸墓を眺めてみよう。

なるほど、確かに箸墓古墳では、方墳の剣（辛）と円丘（＝円墳、丙）がくっついている。つまり丙辛の干合が実現している。そしてその箸墓の麓には周濠が広がっていて（現在の大池は、箸墓の周濠の名残だと思われる）水が湛えられている。「化して五行の水を生じる」なのだ。間違いない。箸墓は「丙辛の干合という陰陽五行の呪術」を実現している姿なのだ。

これを言い換えるとこうなる。箸墓古墳は、円丘（鏡）と方丘（剣）で丙辛の干合を実現し、水を生じさせようと呪術を掛けている。だから、方丘（方墳部）は剣でなければならなかったのだ。そうなのだ、箸墓古墳とは、それ自体、水を生みもたらそうという呪物なのだ。そしてそれこそ、卑弥呼＝モモソ媛が神人として永遠に住まうに相《ふさ》応《わ》しい場所ではないか。だって、卑弥呼＝日の巫《み》女《こ》であれば、彼女には雨を予言したり、あるいは呪現《じゅげん》しなければならない役目も期待されていたのでは。古代では、水田稲作は国にとって最重要の基幹産業だったろう。水は稲作の必須条件。水は日の巫女としての彼女の使命ではなかったか。水の呪術《じゅじゅつ》、それこそは箸墓の機能ではなかっただろうか。鏡と剣を合わせて天の水（雨）を呼ぶ。天の水を呼ぶ呪術。箸墓はその姿で、その呪術を天に向かって掛けているのだ。

箸墓古墳の最新の考古学的想定では、箸墓古墳

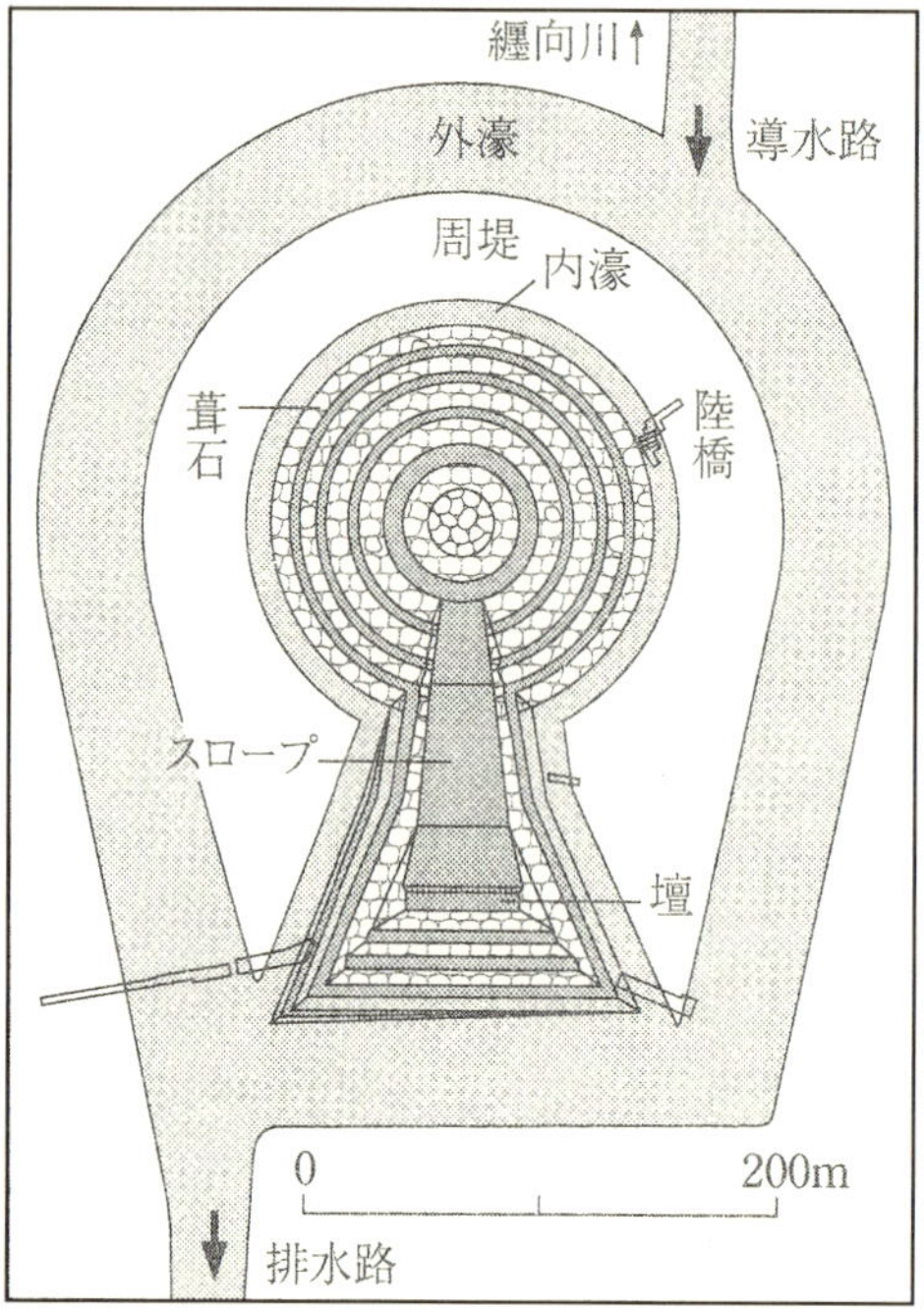

図⑥　箸墓古墳の想定復元図。二重の周濠にとり囲まれている。桜井市纒向研究センターの寺沢薫氏と橋本輝彦氏による（寺沢薫『日本の歴史２　王権誕生』講談社より）

図⑦　箸墓。手前が大池、背後に三輪山

の周濠は巻向大溝と繋がっていて、巻向川とも繋がっていたようだ。その巻向大溝には運河の機能があったように考えられている。だが、単に灌漑用水に留まらないとしても、巻向大溝のような古代の重要な人工水路が、箸墓の周濠と繋がっていることは重要だ。巻向大溝の水源に箸墓が位置し、箸墓が天に請い求めた神聖な天の水が巻向大溝を通じてこの地に配られるシステムではなかったのか。箸墓はそういうシステムの中心に位置すると考えられないか。単に箸墓築造や物流のための運河＝巻向大溝というよりは天の水をめぐらす水路システムだったと考えるべきでは。

箸墓の周濠は「水の呪術」の実現した姿。天に向かって水の呪術を掛けている姿の墓、それが前方後円墳なら、周濠は前方後円墳の標準装備だとも言えそうだ。

箸墓が、水を呼ぶ（吉野さんによれば天の水）呪術をかけている構造物であることは、まちがいない。

「墓＝祖神を象徴するもの」

吉野さんの本に戻れば、彼女は、「円丘が鏡だ」とは直接には言っていない。

「副葬品にこうして鏡・剣などの祖霊象徴の品々が選ばれるならば、そうしたものが埋められるその墓はさらによく祖神を象徴するものでなければならなかったはずである。祖神の象徴というより、祖神の形そのものが、ズバリ、陵墓の型とされたのではなかろうか。大王は竜蛇の子孫であり、祖神の形とは竜蛇である。前方後円墳のそもそもの由来は、竜蛇の頭と、それにつづく尾の造形ではなかったろうか。もちろん後方の円部が『頭』、前方の長方形部分が『尾』である。水は竜蛇の潜むところである。古墳の周囲にかならず水濠がめぐらされているのも同じ意図によったものと思われる」（吉野裕子「蛇　日本の蛇信仰」）

読んだ範囲では、吉野さんが前方後円墳についで述べているのはこれしか知らない。たしかに彼女は、後円部が鏡を表すとは言っていないのだ。だが、

「その墓はさらによく祖神を象徴するものでなければならなかったはず」

と言っている。そこで祖神という代わりに、トトヒ・モモソ姫と言い換えればどうなるか。彼女をもっともよく象徴するものとは何か。彼女が卑弥呼であり、それは「日の巫女」の意味だったとすれば、その彼女を象徴するものとは、何をおいても鏡ではなかったか。すでに、平原弥生墳墓の特製大鏡については述べた。原田さんは、これが伝説の天皇の神器、八咫鏡（ヤタの鏡）だと言っている。さらに多くの研究者達が、卑弥呼の鏡を追求している。例の三角縁神獣鏡だ。卑弥呼を象徴するものとして鏡を問題にしているのだ。鏡こそ、卑弥呼や平原の「オオヒルメムチ」を象徴するものなのだ。であれば、卑弥呼＝トトヒ・モモソ姫なら、当然彼女の墓たる箸墓にも鏡が副葬されたのは疑いがない。ただ、彼女の場合、それを古墳の平面形にも採用したのだ。鏡が、モモソ姫をもっともよく象徴するものだったからだろう。

吉野説では、円墳部と方墳部を、蛇の頭と尾といっている。だが、先の本の別な箇所で、鏡は蛇信仰から呪具となったとも述べている。

「蛇信仰の場合でもそれは例外ではなく、剣が蛇の尾の象徴であるならば、釣り合いの上、頭の象徴物が当然、要求されたに相違ない。頭部の中で、もっとも神聖なものはその『目』である。天照大神はイザナギノ尊の左の目から生れたとされている。蛇の頭部の象徴として、その目にまさるものはない。そうして更にその目を象徴するに足る呪物として、剣と同様、大陸舶載の鏡にまさるものはなかった」（前掲書、網掛は筆者）

であれば、「蛇の頭と尾」は「鏡と剣」であってもよいのだ。むしろその方が自然で、すっきりしている。きっと造形者なら、そうするだろう。蛇の頭と尾を造形するよりは鏡と剣に作るだろう。それは、神聖さの昇華でもある。

箸墓は倭国女王卑弥呼の墓として、三神山合体型の墓に造られた。彼女は「鬼道に通じよく衆を惑わす」女王だった。長寿でもあったようだ。その彼女を中国の東方海中にあるという伝説の神仙境、三神山を象る墓に葬るのはふさわしいことだった。

その三神山の墓は、同時に平面形を鏡と剣を合わせた形にデザインされた。それは倭国女王と鏡の深い関係に基づくものだ。卑弥呼は魏の皇帝から特別に『汝の好物』として100面の銅鏡を贈られている。彼女は鏡の女王だといえる。それにふさわしい円墳部のデザインなのだ。

鏡と剣を合わせた箸墓古墳の姿は、箸墓古墳それ自体が天に向かって、天の水を呼ぶ呪術をかけている姿だった。箸墓とは水の呪術を実現しようとするモニュメントだったのだ。そのこともまた、卑弥呼という日御子あるいは日の巫女の使命だっただろう。彼女の墳墓としてふさわしい形なのだ。

箸墓古墳の形の謎については、まだ語らなければならないことがある。撥《ばち》形の方墳部の謎や、方墳部の三角形についてもまだ謎は残されている。そして、さらに語らなければいけないこととしては、箸墓という前方後円墳と星空との深いつながりだ。箸墓古墳の平面形は、太陽と月と星座の三位一体とでも言えるのだ。

豆板　敏男（まめいた・としお）
　１９４９年、徳島県生まれ。２００３年まで奈良県で小学校教諭。「豆ちゃんは古代史探偵」を自称し、邪馬台国や古代史の調査・執筆活動を続ける。著書に『星空の神話１　イザナミ＝わたしは―平原遺跡のイザナミ女王―』、『星空の神話２　畢星の女王＝アマテラス―纒向遺跡の卑弥呼女王―』。現住所は徳島県小松島市大林町赤石２の15

銅鐸―埋められた太陽
―射日神話で解く起源と盛衰―

木村　成生

はじめに

ある時、10個の太陽が一度に天に昇った。そのため地上は灼熱地獄と化した。弓の名手が現われて9つの太陽を射落として、地上は救われた。

このとき落とされた太陽が銅鐸ではないか、と思いついたのが、事のはじまりだった。落とされた余分な太陽はおとなしく土の中に眠っていてもらわなければならない。弓矢で太陽を射落とすというのは射日神話といわれるもので、この神話は古代中国とその周辺に、そして日本列島にも広く伝えられている神話だという。

銅鐸はどれも埋められた状態で出土する。祭祀に使われたらしいがよくわからない、どうして埋められたのかもわからない、古代史上の謎の遺物である。『国史大辞典』をみると、写真版12ページにわたって多くの銅鐸が紹介され、解説の冒頭ではつぎのように記述されている。

> 銅鐸は、弥生文化を特徴づける日本特有の青銅器である。農耕祭祀に用いられた祭器と考えられる銅鐸は、現在までに文献資料などを含めると近畿地方を中心に約４５０個体以上の存在が知られている。銅鐸は、一般に小型から大型へと発達し、その過程で徐々に装飾性を増すが、そこには銅鐸のもつ打ち鳴らす「かね」という本来の機能が薄れ、その姿のみが強調されていく過程が見てとれる。弥生社会にあって重要な位置を占めた銅鐸は、弥生時代の終りとともに地上より姿を消す。
>
> その理由は今もわからない。銅鐸が謎の器物といわれるゆえんである。古墳出現前夜に突如として姿を消した銅鐸は、そののち人々の意識からまったく消え去ってしまった。

図１　銅鐸（桜井市大福遺跡出土、桜井市教育委員会提供）

銅鐸については古代史、考古学の関係書籍などでかなりくわしく述べられているし、発掘報告などでも詳細な記述にふれることができる。しかし、それでいったい銅鐸とは何なのか、なぜ埋めてあるのか、なぜそこに埋めたのか、なぜ音響具なのか、なぜ古い段階の「聞く銅鐸」から新しい段階の「見る銅鐸」へ変ったのか、なぜ弥生時代の終末期に終焉を迎えたのか、といった本質的な疑問については説得的な答えは得られていない。

1章　射日神話と銅鐸

①中国古代の太陽神話

射日神話とは何か

銅鐸の謎について考えていく前に、その謎解きの鍵をにぎる射日神話を取り上げなければならない。それが日本列島へ伝播し、さらに現代の民俗へもひきつがれている、ということを確認しておく必要がある。

射日神話をここでもう一度紹介しよう。といってもこれには萩原秀三郎による『稲と鳥と太陽の道』の中にある要約を使う。そして射日神話に関してのみならず、今回のテーマでは多くの導きと示唆を同書からいただいた。

昔、太陽は10個あり、地中に住み、地中で湯浴《ゆあ》みしていた。東の果ての湯谷《とうこく》の上に巨大な扶桑の木があり、10個の太陽は湯谷の扶桑をつぎつぎ昇って、一日《いちじつ》ずつその梢から天空へと旅立ち、西の果ての蒙谷に沈み、地の下（水中）をもぐってほとぼりをさまし、再び湯谷に帰っていた。

太陽にはそれぞれ烏（はじめ二足、後に陰陽五行思想の影響で奇数を聖数とすることから三足に）が住んでいて、樹上から飛び立っていた。あるとき、10個の太陽が一度に空を駆けめぐった。大地の草木は、みるみる焼け焦げ大変なことになった。弓の名手・羿《げい》が太陽の中

にいる烏を九羽まで射落とし、地上の人々は焼死を免れた。(『山海経』『淮南子』ほか)

以上のように太陽が10個現われて地上の人々がこまった時に、弓の名手が太陽をひとつだけ残してあと全部射落として、地上の平安をとりもどすというのが射日神話である。

射日神話と招日神話

射日神話は十日ばかりではなく、二日《にじつ》から十数日までの多日神話として中国各地の少数民族に伝承されているという。さらに多日神話には後段があり、残された一日《いちじつ》はこわくなって岩穴に隠れてしまい、それを呼び戻すための工夫があって、それを招日神話という。萩原によるとわが国の天岩屋戸神話はこの系列に属すると考えられるという。天岩屋戸神話については、日蝕の神話とか冬至の太陽の復活といった解釈が定着しているが、そうではないということについては、3章「銅鐸とアマテラス」でとりあげる。

さらに萩原は、中国の各少数民族の射日・招日神話は必ずセットになっており、招日神話に前段として射日神話を欠く例は一つもないという。つまり、そうした例から、日本の天岩屋戸神話は前段としての射日神話が落ちてしまって、招日神話だけが残って伝えられたものであると述べている。

こうした射日・招日神話にもとづく太陽説話は太平洋をとりまくように北米の東部から北方ユーラシア、南ロシアのアムール川流域、中国、アジア東南部まで広く分布している。太陽の数も10前後を基本にして、2から99まであり、月を射落とすなどというように異伝も多い。伝播の中心は中国にあると考えられる。時代としては殷の十日神話にさかのぼれるという。

殷の十日神話とは、日々昇る太陽はひとつではなく、それぞれ個性を持った10個の太陽があるとするもので、日甲《にちこう》、日乙《おつ》、日丙《へい》、日丁《てい》、日戊《ぼ》、日己《き》、日庚《こう》、日辛《しん》、日壬《じん》、日癸《き》と名づけられており、これがいわゆる十干で、10日で一巡するので、それを一旬といった、という。

射日神話は単独で列島へ伝えられたわけではない。それは太陽信仰や鳥霊信仰などのシャーマニズム文化を含む稲作文化にともなう複合的な文化要素としてもたらされたのであると萩原は述べている。

それでは日本における射日神話の残存をたどってみよう。

②弓神事にのこる射日神話

各地の弓神事

烏、餅、鬼の目などを射る、あるいは割る神事が日本の各地の民俗行事に伝えられている。『稲と鳥と太陽の道』に紹介されているのを箇条書きで取り上げてみると、

○関東の利根川流域に多い弓神事。オビシャ（御奉射）、百手祭《ももてまつり》。お弓、弓祈祷などと呼ばれる。新潟県、島根県、隠岐にもみられる。

○関西地方、近畿から中部にかけて見られるオコナイ。田楽、ユミノコトとも呼ばれる。

○鳥羽市神島のゲーター祭。

○近江八幡市馬淵の宮座。

○鹿児島県入来町に伝わる入来神舞《かんめ》の祭文集。

○福島県滝根町、射日神話を物語る文書と絵図の発見された百矢神事《ももやしんじ》。

○新潟県魚沼郡の十二山様《じゅうにやまさま》。

○その他熊本、岡山、奈良、埼玉などで報告例がある。

○下関市長府町忌宮《いみのみや》の奉射祭、数方庭《すほうてい》。

これらの行事には、烏、餅、鬼の目など各種の

的を射る行為が含まれる。試みに『日本民俗事典』の「ゆみしんじ　弓神事」をひくと、つぎのようである。

弓で的を射ることによって、神意のいかにあるかを占う神事。馬で駆けながら射る流鏑馬と歩射すなわち「かち弓」の２種がある。流鏑馬の方は騎手が３本の矢を携え、忌竹に挟んで立てた３個の方形の的《まと》板をつぎつぎに射て、当ったかどうかによって神意のあるところを察しようとする形が多い。（略）流鏑馬の盛行は武士の世、鎌倉時代に入ってからとみてよいであろう。これに対して庶民の間では馬を用いない歩射がふつうであり、この方が、流鏑馬よりは一段と古風なものと思われる。（略）これに２通りの方式がある。一つは的を射あてることに主眼をおくもので、的に鬼という字を書いたものが多い。射られた的は魔除けになるといって争って持ち帰る。年頭の祭りに際して弓の行事によって一年中の平穏な生活を確保しようとした点がうかがえる。もう一つの方式は、氏子集団を幾つかの組に分け、それぞれ代表選手を出して互いに技をきそい、的を射あてた数によって勝負を決する種類のものである。（略）的射の行事は、しだいにこれを祭りの余興のごとく解する土地が多くなってきているが、元来は神意を卜占しようとする意図に発したものであることがうかがえる。

しかし萩原によると、たとえば茨城県稲敷郡江戸崎地区のオビシャでは的は必ず射当てるまで射つづけ、的はボロボロにされるという。そして関東や出雲、隠岐、新潟などの神事の事例から、それらに共通するのは、的は必ず射当てねばならず、当たらなければ近くへ寄って射当て、最終的に破ったり、こわしてしまう、という。これでは的を射て神意のいかにあるかを占うとか、当たりはずれでその年の豊凶を占うというのでは説明がつかない。実際にも豊凶占いの事例は少なく、弓神事一般に必ず射当てるとか、打ちこわす事例が多いという。では年頭の射技は何のための射技なのか。

太陽の象徴

実は烏、餅、鬼の目などの的は太陽の象徴である。

萩原によると、これらの神事はいずれも太陽を象徴する烏や鬼の目、鏡餅、月を象徴する兎などの的を射落とす、あるいは餅を割るというもので、射日神話を源とするものである。

また太陽信仰につながるものとして、対馬の卒《そ》土《と》または天童地《てんとうち》と呼ばれるもの、各地に伝わる若水汲み、東大寺二月堂の「お水取り」で知られる若狭井などがあるという。折口信夫の「髯籠《ひげこ》の話」に出てくる放射状に編み残しを出した竹籠＝髯籠は太陽で「ひげこ」とは日の子の意で、日の神の姿を写したものであるという。

烏、餅、鬼の目などが太陽を象徴することについては『熊野の太陽信仰と三本足の烏』(2)にくわしい。すなわち、烏は太陽のシンボル、兎は月のシンボルでこれらは中国の影響であり、すでに7世紀の法隆寺の玉虫厨子の須弥山図に描かれていること。また、正月行事のオコナイでは丸餅が太陽を象徴すること、そして弓神事のなかで、的に鬼の顔や鬼の字を描いて射当てる行事が全国的に多数みられることなど、各地の例をひいて説明している。なかでも鬼の目を射抜くことが強調されること、それは中国の天地創世神話である盤古の死体化生神話を下敷きにしていることなど、いずれも太陽の象徴であることを明らかにしている。

『神話伝説辞典』(3)の「たいようしんわ　太陽神

話」の項にも、昔話に残る射日神話の例が載っている。上記の岡山の報告例とはこれだろうか。「岡山県の昔話にある、七つの太陽をアマンジャクが弓矢で六つまで射落としたという、シナ、東南アジアにも広く見出せるタイプと類型の話が諸所の口碑に残っている」と記載されている。

このように射日神話にさかのぼると考えられる民俗行事は西日本から関東地方までの日本各地に伝えられて、現代に至っている。そして源は朝鮮半島からさらに中国の古代へとさかのぼり、殷のシャーマニズム、さらに稲作にともなう太陽信仰、鳥霊信仰にまでさかのぼるものである。それらと銅鐸との関係については銅鐸の謎解きの中でそのつど取り上げていくことになる。

③銅鐸の起源と日本列島への伝播

朝鮮半島の小銅鐸

銅鐸の直接の祖形は朝鮮半島における小銅鐸であろうといわれている[4]。しかし日本列島では銅鐸は墓に副葬されることはないのに、朝鮮半島では小銅鐸は司祭者が亡くなると副葬品として墓に埋められたという。

『日本文化の源流』で、春成秀爾は銅鐸について考察するなかで、銅鐸の祖先は中国の馬につけていた馬鈴または馬鐸にはじまる実用品で、中国から朝鮮半島北部にかけて使われていたという[5]。春成はそのほかにも、もとは馬具だったとされる青銅製の儀器を4種類紹介し、いずれも半島を南下する過程で、南には馬がいないので、実用品が祭りの道具、鳴り物に変わったのであるが、小銅鐸だけは変化しないで、そのまま日本列島に伝わったのだとしている。しかし、なぜ小銅鐸だけ変化しなかったのか、しかも他の青銅儀器は伝わらず、なぜ小銅鐸だけが列島へ伝わったのか、これらの疑問についての合理的な説明は述べていない。

これは要するに、小銅鐸の伝播ルートについて誤って解釈しているのである。春成は、銅鐸の起源は中国の馬鐸、馬の鈴だったととらえている。しかし実は、中国南部の稲作文化の発生地帯を起源とする銅鐸が伝播ルートの途中、分かれて北上していき、それが中国北部から朝鮮半島北部にかけて馬具として使われていたのである。それとは別の銅鐸の流れが、中国南部から稲作関連文化として北上し山東半島から朝鮮半島へ渡り、半島西部を南下して列島へ伝播したと解釈できるのである。そのまま北上したものは馬の文化地帯で馬具となり、それが大きく迂回して半島北部の馬文化地帯を引き続き通過してのちに、半島を南下したのであろう。そして他の、馬につける実用品同様、儀器化したと考えられるのである。しかし馬の鈴は馬の鈴のままであった。

一方、山東半島から朝鮮半島西ルートを、稲作関連文化として伝播した小銅鐸は、馬韓の蘇塗《そつ》の習俗をつくり、済州島に射日神話を残し、そして列島へ入った。馬韓の蘇塗とは『魏志』東夷伝の「韓伝」馬韓条にのる農耕祭事で、春と秋に大木を立て、鈴や鼓を懸けて鬼神を祀るというものである。

しかし、やはり半島では小銅鐸は小さいまま、装飾もされなかった。それは半島を南下する銅鐸を使った祭祀習俗の伝播速度が速かったためではないか。

朝鮮半島では気候的に稲作適地が半島の西南部に限られ、東は山地、北は乾燥地帯、そして華北に通じる馬の文化地帯である。だから稲作文化としての銅鐸の祭祀は発達しないまま列島へ渡ったと思われる。高倉洋彰によると、はじめて北部九州に小銅鐸が伝来したのは弥生中期であり、一方小銅鐸が半島で盛行したのも弥生中期中頃から後半に相当するという[6]。つまり時間的にはほとんど差がないくらい半島を通過して九州にたどり着くまでが早かったとみられる。そして列島では銅鐸は独特の変化成長をみることになるが、半島ではその後青銅器の時代が終わり、鉄器の時代に変わる。

神樹に吊り下げられた鈴

では銅鐸の起源とは何であろうか。それは神樹に吊り下げられた鈴や、太陽を象徴する鳥形であろう。長江中・下流域の稲作文化の発生地帯に誕生した太陽信仰と鳥霊信仰の習合した神樹である。『稲と鳥と太陽の道』でとりあげている太陽の樹には、四川省広漢県の三星堆遺跡から出土した「一号神樹」（図2）や曽侯《そうこう》乙《いつ》墓《ぼ》の衣裳箱に描かれた神樹図、また漢代の画像石である射日神話画

図2　三星堆遺跡出土の一号神樹

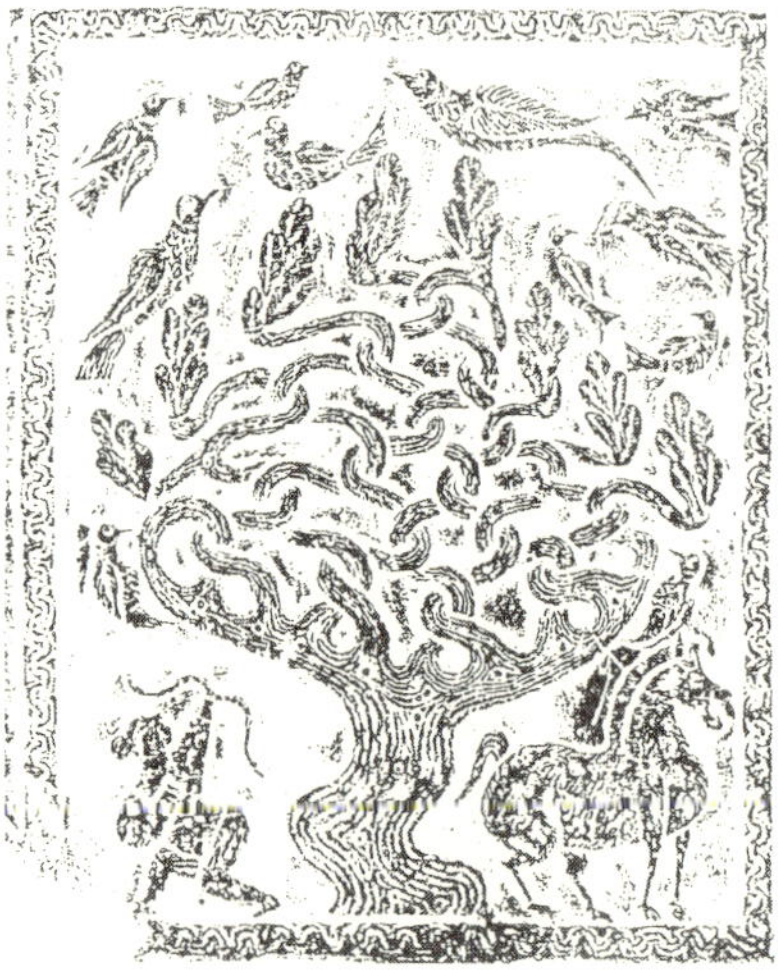

図3　射日神話画像（山東省微山県出土）

図4　三星堆遺跡出土の鈴

像（図3）などが紹介されている。それらには十日神話や射日神話を現わす9つや11の太陽、また太陽を象徴する鳥が造形され、あるいは描かれている。[7]

　さきに開催された展覧会の図録『三星堆　中国5000年の謎・驚異の仮面王国』には「文献記録と考古学遺物が一致するモデルケースとして知られる」という十日神話を現わす青銅製の出土品である巨大神樹が掲載されている。さきの「一号神樹」である。[8]

　そして神樹に取りつけられていたと推定される鈴（図4）や鳥形鈴、獣面鈴、花弁形鈴などの出土品も載っている。これらの鈴はいずれものちの銅鐸へ変遷していくと思わせる形をしている。これらのうちのどれかが、あるいは複数が影響しあったものが、射日神話をともなって稲作の伝播とともに、またはそのルートを伝わって、中国北部や朝鮮半島を経て列島へもたらされたものであろう。

　こうした中国古代の文化と銅鐸との関係については、さらにのちの章でも取りあげて、両者の関係の強さに迫っていこう。

2章　銅鐸の謎解き

　銅鐸が射日神話の中において、射落とされた太陽であると位置づけるとほとんどの謎が氷解する。

たとえば、なぜ銅鐸は埋められているのか。それは余分な太陽が勝手に昇ってきては困るからであり、なぜ早期の銅鐸ほどよく磨かれているのか、それは輝く太陽だからであり、なぜ多くは山中や境に埋められるのか、それは祭祀を行う共同体にとっての境が島国日本の地形からすると、山であり海岸であり、それが太陽の昇るところ、沈むところだからである。

佐原真が「なぜ銅鐸は埋められているのかがわかれば銅鐸の謎はほとんど解明されるだろう」と発言している⑨。まさにその言葉どおりに大概の謎が解けるのである。

では銅鐸についてどんな謎があるか。改めて整理しておこう。

①なぜ埋められたのか。

なぜ光り輝く銅鐸を埋めてしまうのか。

なぜ鰭を立てて埋めるのか。

②なぜ銅矛、銅戈《どうか》を共に埋めたのか。

③なぜそこに埋めたのか。

山中に埋納されている。

図5　埋められたままの状態で発見された大福銅鐸
（桜井市教育委員会提供）

海岸に埋納されている。
境に埋納されている。
④なぜ音響具なのか。
⑤銅鐸の絵の意味は何か。

そして章をかえて銅鐸の終焉にはアマテラスが大きくかかわっていることについて考える。

①なぜ埋められたのか

太陽は土中を通って生まれ出る

巻頭で明らかにしたように銅鐸は射日神話にもとづいて埋められた太陽である。10個の太陽が一度に天に昇ってはたまらない。だから弓使いの英雄によって射落とされた。落とされた余分な太陽はおとなしく眠っていてもらうのがいい。それで銅鐸は土に埋めるのである。これら銅鐸を使った祭祀が神話にもとづいて演じられたのだろう。

なぜ土中なのか。それは最初に引用したように、中国古代の神話で、太陽は土中を通過して東から扶桑の木を伝って天に昇り、西へ移動してから蒙谷に沈み、地中にもぐってほとぼりを冷ましながら再び東へまわると考えられているからである。

太陽が土に没することを端的に示す漢字に「莫《ばく》」という字がある。『角川新字源』によると莫は・で「日が草原のなかに没したさまにより、もと、ひぐれの意を表わした。暮の原字」としており、太陽が草原にもぐり、そして土から生まれ出てくるという中国古代人の認識のしかたをよく表わしている。

銅鼓は銅鐸に似た祭器

同じく土中に埋められる祭器で、銅鐸との関係が取りざたされる銅鼓について考えてみよう。

萩原秀三郎によると、銅鼓とは西南中国や東南アジアで使用されている、文様や機能が銅鐸と類似した祭器である。銅鼓がその文様や機能が銅鐸とよく似た祭器であると最初に目をつけたのは鳥居龍蔵だという[10]。

そして、銅鼓を使った祭りのしかたや銅鼓の起源とされる木鼓についても述べて、「木鼓は最終的には林の里近くの小山の中腹に納められる」としている。銅鼓についても、現在のミャオ族は「銅鼓はふだん洞窟などに埋めておき、祭りや葬式のときに掘り出してたたく」と述べているように銅鐸同様、銅鼓・木鼓ともにふだんは埋めておくのである[11]。

それにしても現代のミャオ族には銅鼓・木鼓はなぜ埋めるのか、また射日神話との関係などで、何か言われていることはないのだろうか。

白川静は『中国の神話』第3章において、銅鐸と銅鼓の関係について「地中に埋められた銅鼓は、春の生命力を蘇らせるものであった。おそらくわが国の銅鐸も、その機能において、銅鼓と同じ意味をもつものであろう。両者の間には、類似というよりも、もっと深い親縁の関係があるかもしれない。両者はいずれも稲作儀礼に関する聖器であるということ。出土状態からみても、地中にあることが器の機能に関する方法であるらしいことなど、器のありかたに共通するところがみられるからである[12]」と述べている。私の銅鐸、銅鼓の解釈とはちがうものの、両者の類似性については、その関連を強調している。その銅鼓には鼓面の中心に太陽紋があり、銅鐸と同様、銅鼓が太陽を象徴していることがわかる。

萩原は「銅鼓の中央に光芒を放つ太陽紋、また周縁にカエルと楚式銅鼓の特徴である鷺の軽快な舞姿を彫るのは、春先に土中からはい出るカエルと田植えの時期に飛来するサギに、陽光をあびて息づく大地の復活をみるからである」との田兵編

『苗族古歌』(貴州人民出版社　1979年)の記述を紹介している。(13)

白川静はそれについて「(鼓面の周囲に蛙を飾る意匠があり)鼓面の中央には、星形の太陽とそれから放射する十数条の光を加えている。新しく掘り出された銅鼓は、大地の生成力の蘇りを示す蛙が、その放射状の太陽の光の中で跳ねおどる形であらわれる」と述べている。(14)

埋められるのは銅鐸ばかりでなく、武器型祭器も銅鐸と似た埋納の仕方をされている。近藤喬一《たかいち》はこれら青銅器の埋納の意味を中国古代にさぐっている。

青銅の楽器を埋納する

近藤喬一によると、中国古代の青銅器の埋納には華北型の埋納と華中・華南型の埋納があるという。華北型は墓か祭祀坑に一括にして隠匿埋納されるのが普通で、それに対して華中・華南型ではおもに埋納されるのは楽器が多く、その埋め方は日本列島における銅鐸や武器型祭器と共通する埋め方で、「ぽつんと単独で山丘上や山麓や河川の近くから特になんの施設もなく、掘りこまれた穴の中から発見される」と樋口隆康の論述を紹介している。

こうした埋め方は殷後期の時代の大型鉦(大鐃《だいどう》)そして春秋・戦国時代の錞于《じゅんう》、さらに銅鼓へと楽器を埋納する風習がうけつがれているという。

そして「殷後期以来漢まで淮河以南、揚子江中・下流域では、大型鉦、錞于《じゅんう》、銅鼓と形を変えながらも楽器が、埋納状況も含めて銅鐸と同じような取り扱いを受けてきたことが以上より明らかになったと考える。大型鉦に特徴的な渦文は、羽の表現の転化したものであるという(林1980)」としめくくっている。(15)

ということはつまり、これら大型鉦、錞于、銅鼓を埋めるということは銅鐸と同様、結局は太陽の象徴を埋めるということではないか。銅鐸との関係がいわれている銅鼓も土に埋められ、そして太陽を象徴しているのである。

それと最後に見過ごせない記述がでてきた。「大型鉦に特徴的な渦文は、羽の表現の転化したもの」という林巳奈夫の見解である。羽を表わすということは、つまり鳥であるから、鳥といえば太陽を象徴する動物である。ということは大型鉦は鳥であり、その発する音は鳥の声、あるいは鳥によって鉦の音を遠くへ運んでもらうことを意味している。これらは銅鐸にこめられた願望と共通する。鳥の声と銅鐸の音の関係については「④音響具としての銅鐸と音の意味」で述べる。

朝鮮小銅鐸の列島への伝播には射日神話を伴っていたはずである。そして射日神話にもとづく祭祀が行われ、射落とされた銅鐸、すなわち太陽は土中に埋められた、あるいは戻されたといってもいい。祭祀のときだけ掘り出されて、ふだんは埋めておいたのであろう。銅鐸は埋められていることにこそ意味がある。それですべての銅鐸は埋められた状態で発見されている。

さて銅鐸が埋められた余分な太陽であるとなると、銅鐸を埋めることの行為にともなう謎が次々に解かれていく。

なぜ光り輝く銅鐸を埋めてしまうのか

まず光り輝く銅鐸がなぜ埋められたのか。それは太陽であればよく光っている必要があるし、祭祀の盛り上がりという点からも、儀式としての緊張感を保つという点からも、輝きが要求される。佐原真は「いまは緑にさびた青銅器は、かつては錫分が多ければ銀色に、少なければ金色に輝いていた。金属の光り輝き、つや、そして音色、金属を初めて目にした人びとにとっては、その存在だけで神秘的であって、宗教的雰囲気をもりたてる演出効果としてこれにまさるものはなかったであろう」と銅鐸の輝きがいかに神々しいものだったかを説いている[16]。

輝く太陽である銅鐸を埋めることによって、余分な太陽を管理する。そうして我らの祭祀によって太陽を屈服させ、勝手なことは、つまり不順な運行はさせないぞという威力を表現できる。だから前期の銅鐸ではよく磨耗しているという。これは掘り出された銅鐸をよく洗いよく磨いて光沢を出す必要からだろう。小さい銅鐸の時代ほど、よく磨かれているのはそれだけ太陽の象徴としての銅鐸の意味が強かった、輝きこそが銅鐸の価値だったと見なされていたからではないか。だから大型化、装飾化が進んだ後期の銅鐸では銅鐸そのものの意味が変化していることになる。

なぜ鰭を立てて埋めるのか

銅鐸を埋めるときの姿勢であるが、藤森栄一がかつて確認したうちでは銅鐸を直立で埋めたのは3例、倒立つまり逆さまが1例、横倒しが24例で圧倒的に多く、銅鐸は横たえて埋めるべきものだったことは確からしい[17]。

では次に、なぜ横倒しにしてさらに鰭を立てた状態で埋めるのか。これは銅鐸が動いてはこまるからであろう。鰭面を水平にして埋めた場合、内部には土をつめたり、あるいは入れ子にして隙があかないようにすれば落ちつくが、鰭面の下は強く固められないから、時間の経過とともに、たとえば降雨で土がしまると、どうしても隙間ができるだろう。そうすると後で地表面が沈んだり、土がひび割れするかもしれない。これは太陽が動いて勝手に飛び出す不安をかもすのではないか。銅鐸は動いてはならないのである。

また、鰭を水平にして埋めた場合、鰭が横に張ってしまうから埋めにくい。土をかけて上から押さえたら、うすい鰭が上から押された重みで折れたり曲がったりする恐れもある。もし私が同じような鰭のある構造物を埋めるとすれば、やはり鰭は立てて、鰭にかかる負荷を少なくするだろう。それに鰭面を縦に突き刺したほうが固定しやすく、土をかけやすいだろう。

ところが人によってずいぶん感覚がちがうものだ。同書の上の引用箇所につづいて、藤森栄一は銅鐸の「横臥を分析すると、鰭上下が8例、鰭水平が16例である。ところで鰭上下は埋没法とすると、きわめて、不安定な姿態でおかしいが、(略)このきわめて不安定なおき方は、精査するほどに意外に多いようである」と述べている。藤森がきわめて不安定と感じてしまうのは銅鐸を土中でなく、空間に立てるイメージを描いているからではないか。物体の周囲を土のような濃密な物質で満たして上から押しつける場合には、鰭を立てたほうが安定するし、埋める途中で傾いたりしにくいだろう。

かといって、出土時に逆さまだったという例もまれにはあるが、心情的には逆さまにはしにくいだろう。太陽信仰の祭器である以上、逆さまというのは抵抗感がある。だいいち祟りがこわい。

鳥越憲三郎『弥生の王国』は、大阪の八尾市跡部遺跡で出土した銅鐸について『跡部遺跡発掘調査報告書』を引用し「地表下約2・5メートルのところに、珍しく隅丸方形の長さ1・4メートル、深さ40〜50センチの埋納施設が認められ、粘土を敷いた上に銅鐸の鰭を突き刺すように、南東方向に横向きに立て、まわりも粘土を押しつけていた」と記述されているという[18]。粘土を押しつけているという表現にグラついてはこまる、動いてはならんという古代人の意志が感じられる。鰭を立てたほうが埋めやすいし、安定するということを知っているのだろう。

また『荒神谷遺跡発掘調査概報(2)』では「いずれも鰭を垂直に立てた状態で出土しており、下部の鰭は坑底に食い込んでいた」と記述している[19]。

埋納時にまず穴の底に鰭を突き刺して、それから土をかけているのである。

②なぜ銅戈銅矛が共に埋められたのか

銅戈銅矛を共に埋める

銅鐸のほとんどは土器などを伴わず、銅鐸だけの単独で出土する。しかしいくつかの出土例では銅戈や銅矛を共伴するものがある。これは銅戈・銅矛が銅鐸と同じ祭りの場で使われたためにいっしょに埋められたものらしい。『稲と鳥と太陽の道』では近藤喬一《たかいち》からの引用によるとして、吉野ケ里に近い川寄吉原《かわよりよしはら》遺跡出土の銅鐸形土製品の線刻画や天理市布留《ふる》石上《いそのかみ》出土の銅鐸の絵には楯や戈をもつ人物が描かれているという[20]。近藤はこれを楯と戈を持ったシャーマンが銅鐸の音に合わせて舞踊しているさまを表わしているのだろうという。近藤喬一の見方を『銅剣・銅鐸・銅矛と出雲王国の時代』によってさらに見ていこう。

近藤によると、弥生時代の銅剣・矛・戈は最初北部九州に入った時には墓の副葬品であり実用の武器であった。そのあり方は朝鮮半島においてと同じであった。それがまもなく大型化、祭器化が進むのである。初期の小さい銅鐸がすぐに装飾化、大型化していくのと同じ経過をたどる。銅鐸も朝鮮における小銅鐸は墓の副葬品であり、装飾品としての馬具だったという。杉原荘介によれば銅剣、銅鉾、銅戈と共在した小銅鐸の例として半島北部である平壌市から小銅鐸が9個、そして半島南東部である慶尚北道から2個出土している[21]。これらの朝鮮小銅鐸が馬具であり、首長の宝器であると主張しているのは先に紹介した春成、佐原とも同じである。確かに半島北部と南東部ではそうだったのだろう。

それが後には剣も矛も戈も巨大化、扁平化して儀器化するのである。その例が先の佐賀県川寄吉原遺跡出土の銅鐸形土製品の線刻画であり、奈良県天理市布留石上出土の銅鐸の絵であった。これらの出土品には武器と銅鐸を同じ祭祀のなかで共に使うと思われる儀礼行為が描かれているとみられる。片方は北部九州、もう一方は畿内である。

そして近藤は「川寄吉原の銅鐸形土製品に描かれていた絵の原型に近いものが、天理石上二号銅鐸の絵であったと思える。それもすでに頭上の羽の表現を失い退化した様相を示しているとも考えられよう。いずれにしても銅鐸文化圏の中心から出土した銅鐸そのものの、鈕という目に立つ部分に武器をもつ人物が描かれていたことは重要である。ここでも鐸という鳴り物と戈という武器が結びついてあったことを示しているといえよう」と述べている。[22]

こうした銅鐸と武器形祭器を共伴して出土した遺跡を近藤は、西は佐賀県から中国、四国、近畿までの間に14例数えている。そして形式の新しい近畿式銅鐸や三遠式銅鐸と武器形祭器とは共伴しないという。

つまり前期の銅鐸のうちは武器形祭器をともに祭祀に使っていたのであるが、銅鐸の装飾化、大型化が進んだ後期には武器形祭器は使われなくなった。ここには祭祀のしかたの変化があったものと思われる。

このことから、ともかく従来いわれていた銅鐸文化圏と銅矛銅剣文化圏という対立する文化圏はなかったということになる。

さらにそれに関連して佐原真の記述を引用しよう。佐原によると、これまでに発見された武器形祭器の鋳型が約40個あるが、それから作られた製品を同定できたものはないという。それと銅鐸の鋳型で紋様などが明らかなものが13個あるが、それによってどの銅鐸が作られたのかわかっているものは2個であるという。

ということは数多くの未知の銅鐸、武器形祭器が未発見のまま埋納されているか、地金として回収されて鋳つぶされている可能性があるというのだ。[23]だから現在の銅鐸、銅矛、銅戈、銅剣などの出土分布状態はあくまでも現在の仮の状態であり、あまりあてにならないのだ。

近藤は以上のことから、弥生前期末から後期中葉・前半まで北部九州から畿内の西日本一帯で銅鐸と武器形祭器を用いた儀礼が行われていた、と結論づけている。そしてさらに「第一段階、すなわち武器と鐸を使用する祭祀は、第二段階の青銅器が出現した時に終わりをむかえ、青銅器は埋納された。第二段階の青銅器は、前方後円墳の出現に代表される時代をむかえた時埋納された」と推理している。[24]

この見方に私も基本的に賛成である。問題は第二段階出現の時とは何か、そして第一段階が終ったのはなぜか、それはいつかということである。

これについては3章「銅鐸とアマテラス」で考える。

神話に登場する武器型祭器

ではなぜ銅戈、銅矛、銅剣は祭器でもあるのかについて考えてみよう。

すでに北部九州から近畿にかけての西日本一帯で銅鐸と武器形祭器の両方を用いた儀礼が行われたことを記したので、つぎに、武器が祭器であることを日本神話からたどってみる。

日本神話のはじめ、天地初発のとき、まだ陸地さえも存在しないとき、イザナキ、イザナミは天の沼矛《ぬぼこ》を持って、海の中をごろごろと掻きまわして、引き上げた矛の先からしたたる雫がオノコロ島になった。最初の陸地ができたのである。つまり天の沼矛は物を生み出す根源としての矛で、祭器としての武器だった。

矛はまた神楽では採り物舞における採り物とし

て登場する。『カミの発生―日本文化と信仰』によると「採物は本来、神の来臨する場所、すなわち神座としての意味をもち、森の代用としての木（榊・茅・笹など、手草といわれるもの）から、ひさご・幣・弓・剣などに及んでいる」という[25]。

こうした神の依り代としての矛の機能は天岩屋戸神話にも現われる。つまり岩屋にこもってしまったアマテラスを誘い出す場面で『日本書紀』ではアメノウズメノミコトが「茅纏《ちまき》の矛」を手に持って踊る。同じ場面、『古語拾遺』では「鐸《さなき》（大きな鈴）をつけた矛」を持って、そして『古事記』では「天香山《あめのかぐやま》の小竹葉《ささば》」を手に持って踊るのである。『日本書紀』、『古語拾遺』では矛、『古事記』では笹の葉が同じ機能を持つのである。

このように、祭器として用いるほど重要視された武器としての矛は天地創造の神話にすでに現われていた。天地にまだ何もないとき、矛だけはすでにあったという矛盾に満ちた神話であるが、それだけに物を生み出す根源としての矛の重要性を物語っている。

そしてチガヤの重要性についてもふれておこう。

『稲と鳥と太陽の道』によると、ミャオ族の伝承では、天地初発のとき最初に現われた植物はチガヤであったという。日本神話ではヨシである。どちらもイネ科の植物であり、チガヤもヨシも稲を象徴している。チガヤは中国でも日本でも稲作の神事に使われている重要な植物で、チガヤに限らずヨシ、ススキ、ササなどイネ科植物は稲の象徴として祭祀に使われていることは現代でも広く行われている。

萩原によるとチガヤの信仰も太陽信仰、鳥霊信仰と同様、長江中・下流域にはじまる稲作文化に複合する信仰であった。そしてチガヤ信仰は道教成立以前の文化であり、江南のシャーマニズム的呪術信仰にチガヤは欠かせない霊草であった。

江南の先住民族であるミャオ族にとってのチガヤには信仰面で3つの機能があり、一つは稲の予祝、二つめに神の依り代として霊力ある標識となる機能をもち、三つめに田の守護神となる。三つめに避邪の機能、魔除け、除災である。日本においてもほぼ同じ機能をもつものであるという[26]。

このようにチガヤは天地初発の植物であり、稲を予祝するものであり、神の依り代でもある、それと同時に小竹葉、矛となり銅鐸とともに扱われる武器形祭器と同じ機能を持ったのである。それで矛や戈をもって舞う姿が銅鐸形土製品や銅鐸に描かれるのであろう。舞い手は稲穂の象徴としての広矛を振り、銅鐸の音とともに踊ったのであろう。チガヤは草かんむりに矛と書く。つまり稲の象徴であり、豊かさの象徴であり、そのうえ神の依り代である。だから、銅鐸の祭祀に戈や矛が使われたのである。

③なぜそこに埋めたのか

銅鐸は物騒なもの

銅鐸について述べる本は多いが、銅鐸の意味やそのとりとめのない埋め場所に合理的な説明をつけられない。もっとも新しい古代史通史と思われる『シリーズ日本古代史① 農耕社会の成立』によると「銅鐸は農耕祭祀儀礼に用いられるとしても、最終的に一定の方式で埋納されているから、何らかの目的のために埋納されていることは確かである」との記述にとどまる[27]。そして埋納場所についての表現はたいてい、山中、山の斜面、中腹、山麓の谷あいなどに何の構造物もなしに素掘りの穴を掘って埋めている、ということになる。

射日神話で解くと、銅鐸は昇って欲しくない太陽であるから、基本的に物騒なものである。昇ってはならないし、そばに置きたくもないからできるだけ共同体から離して埋めたい。それで山の稜線近くの山腹の斜面、谷あいなどへ持っていく。しかし、山の頂上や稜線上に埋める例はほとんどないという。これはそこまで上げると、隣の共同体との境であり、隣に迷惑となるからであろう。それと山の頂きや稜線上では太陽がそこから昇ってくるイメージを引き起こすから避けるのだろう。だから少し手前になるので結果的に集落から見える山の斜面となるが、中には見えない位置取りになる場合もある。埋めた場所には何か標しくらいは立てたかもしれないが、おそらく毎年春秋には掘り出して祭りに使っただろうから、特に標しはなくても忘れることはないだろう。

平野部や沿岸部に埋納された例もある。これらは集落のはずれや隣の集落との境であるから海岸や結果的に平野の中ということになる。

沿岸部に埋める例があるのは、日本が海にかこまれた島々だからであろう。銅鐸の淵源であると私が考える中国古代の射日神話を含む十日神話では、太陽は地中を通って地上にでて、扶桑の木をつたって天に昇り、西へ移動して地にもぐる。しかし、日本列島では地平線から日が出て地平線に日が沈むのをみるところはほとんどない。山の端や海から昇り、山へ沈むか海へ落ちるのである。太陽を象徴するアマテラスが海辺で生まれたとするのもそのためであろう。

各共同体がそれぞれ同じ祭祀をその共同体のために行うのだから、当然その境が埋納地になる。それが山あいの地なら山の斜面、平野部なら集落と集落との境、沿岸部なら海辺ということになる。

銅鐸は共同体のはずれ、境に埋めるという点で考察している例として『青銅の神の足跡』が上げられる。谷川健一は鳥取県の日本海沿岸にある銅鐸の出土地が定規ではかったように東西に15～16キロの等間隔になっており、また兵庫県の東部でも間隔が2～3キロとぐっと縮まるが、やはり等間隔になっているという。これは村落の境目を暗示しているのではないか、そして15～16キロ間隔、あるいは2～3キロ間隔というのは弥生時代の日本海沿岸と瀬戸内海沿岸との集落の密度の差なのではないかと推定している[28]。ただ谷川健一は、銅鐸を埋めた意味としては「銅鐸もまた地霊をしずめるために山や海と村との境に置かれたのかも分からない」と考えているので、この点は私の考えとはちがう。それはともかく、ここで思い出すのは『日本の古代13　心のなかの宇宙』にある奈良盆地の銅鐸の分布図（図６）である[29]。

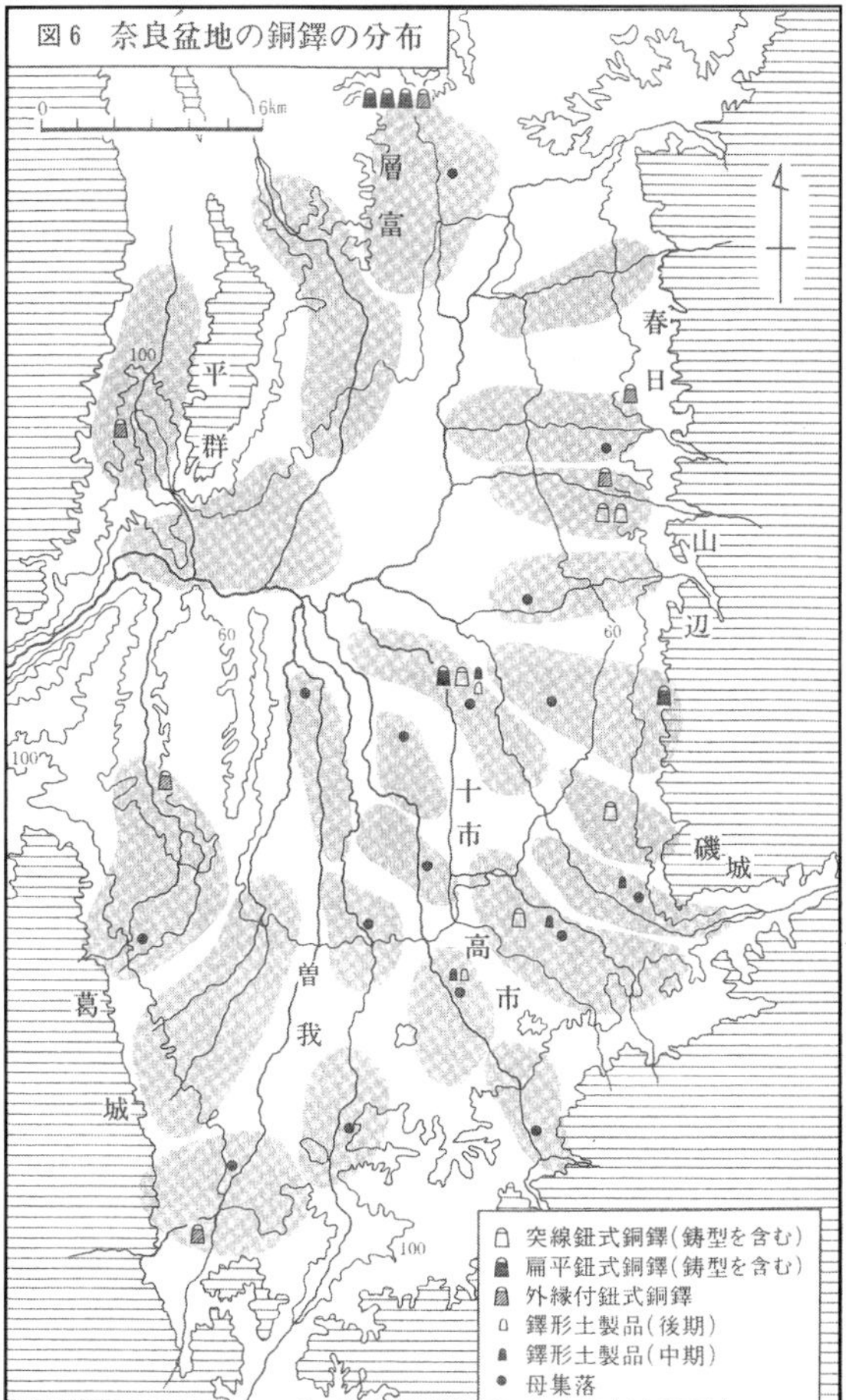

図６　奈良盆地の銅鐸と共同体の分布＝寺沢薫「弥生人の心を描く」（『日本の古代１３　心のなかの宇宙』中央公論社〈１９８７年〉収載）より

　この奈良盆地の銅鐸の分布図は銅鐸の埋納地にそれを埋めた主体としての集落が明らかになっているらしい例である。これによって銅鐸と集落の位置関係や集落どうしの間隔を考えてみるのは興味深い。この分布図を見ると各集落の幅は狭いところで2〜3キロ、広いところで5〜6キロくらいである。小共同体の中心集落で射日神話にもとづく祭祀が行われ、その後銅鐸はできるだけ集落からはなして、しかも隣の集落を脅かさないところに埋納すると考えたい。しかしひいき目に見れば場所によってはそう見えないこともないが、分布図全体としては必ずしもそのようには読めない。明確に読み取れるとは言いがたいがとにかく考えてみる。

そこで、しいて言えることは前期の聞く銅鐸の時代に、小共同体における聞く銅鐸の埋納地点がその共同体の範囲内の山沿いにあるといえる例が5ケ所あげられる。盆地なので、それぞれの母集落からの埋納地の方向は、盆地の北の地区にある集落では北の山沿いに、東の地区にある集落では東の山沿いに、南の地区にある集落では南の山沿いに、それぞれ銅鐸を埋納している。しかし、盆地の底の平坦部にある小共同体では持っていくべき山がないせいか、母集落のすぐそばに埋納されている例もひとつある。これらの例からは、太陽の昇降に結びつく可能性を考えさせるような、東西方向へのこだわりはあるともないともいえない。後期である見る銅鐸の時代では、図6のなかで明らかになっている埋納地は全体で4件だけで、そのいずれも盆地全体からみれば南東方向になるのだが、かならずしも山沿いではない。いずれにしても、事例が少ないので確かなことはいえない。

私は太陽が東から昇り西へ沈むのだから、銅鐸を埋める場所も主体である共同体からみて、東寄りか西寄りになるのではないかと考えているのだが、共同体と銅鐸の出土場所との位置関係について考えられる資料がとぼしいので、そうした例は実はあまり確認できていない。しいて上げれば淡路島に多数の聞く銅鐸が埋められていたという点である。

淡路島は難波、大和からみて西、日の没する方向である。近畿にはすでに大きな共同体があり、その大きな共同体にとってはその境やはずれとなると大阪湾から和歌山にかけての沿岸地帯となる。このあたりにも銅鐸の出土が多い。そしてその先に見えるのが淡路島とあってみれば、淡路島の西側ということも考えられるのではないか。淡路島の西部、三原郡には13の遺跡に15口の銅鐸が発見されている[30]。さらに四国東部の沿岸に後期の見る銅鐸が埋められているのは、近畿の共同体が

図7　「見る銅鐸」の一つ、徳島市矢野遺跡出土の突線袈裟襷文銅鐸（重文＝徳島県埋蔵文化財センター提供）

大きくなっていく過程で、銅鐸を埋めるところも拡散していった結果ではないか。

後期銅鐸の分布地域

つぎに後期の大型化した銅鐸の出土地の分布を考えてみよう。

聞く銅鐸と、見る銅鐸の初期のものが前期の銅鐸であるが、これらは西日本の分布圏に広く分布している。それに対して後期の大型化した銅鐸はそれまでの小さい銅鐸と分布が重複しない。大銅鐸の分布は和歌山県白浜温泉周辺、徳島県、高知県、静岡県浜松周辺といった具合にかなり場が限定されてくる。「新しい地域を開発するといいますか、そのようなところに大きな銅鐸は全部いってます[31]」ということになる。銅鐸表面も擦れていない。なるほど稲作文化が浸透していく過程を考えると、四国東部、紀伊半島、それに静岡などは水田開発の当時の先端地域かもしれない。

春成秀爾によれば、大型の銅鐸はその産地から遠い周縁部からたくさん出土している。そしてあくまでも管理しているのは近畿の勢力であろうと推論している[32]。それだけ支配領域が拡大しているわけで、強力な豪族がすでに誕生していることを意味しているようにみえる。

聞く銅鐸と見る銅鐸では分布が大きく異なることについて水野正好はつぎのように記している[33]。

古い「聞く銅鐸」から新しい「見る銅鐸」への変化は、形、あり方、分布といった諸現象から見て決して漸移的な変化ではなく、突然の、しかも一定の目的をもった変化であることを物語るのであり、「聞く銅鐸の世界」「見る銅鐸の世界」といった二つの世界が時間を前後して成立したのであり、二つの目的、論理、意識、機構がそれぞれの世界に息づいていることも雄弁に語りかけているのである。

なぜこのような違いが現れるのか。これについては3章「銅鐸とアマテラス」で、さらに考えることにしたい。

④音響具としての銅鐸と音の意味

太鼓の音の意味

銅鐸ははじめ音響具であったということは決定的に重要である。初期に近づくほど音響具そのものの形にさかのぼり、余分な模様も付けたしもなく、よく磨かれている。このことは銅鐸の意図することは本来、その輝きと発する音の二つにあることを示している。この項では銅鐸の発する音の意味について考えてみよう。

『銅鐸と女王国の時代』によると、弥生時代の後期後半から終末を主体とした包含層から北九州製の朝鮮小銅鐸がみつかっているという[34]。それには発音機としての機能がある。とすると大型化した、もはや鳴らす目的を伴わないであろうと考えられていた終末期になお鳴らすための銅鐸が存在したことになる。音を発することの銅鐸にとっての重要性を示す例ではないか。

銅鐸が本来音を発する道具であることについては次のように表現されている。「弥生中期の銅鐸では、繰り返し舌が打ちつけられて内面突帯が磨り減っている例が認められ、激しく振り鳴らした音響具であることがわかる[35]」。

一方、水野正好は、「その鐸身の内部に吊るされた「舌」が激しく鐸身を打ったものとみえ、内部に設けられた突帯は普通大きく磨損しており、再三再四というよりしばしば用いられ、金属音―鐸韻を響かせたことを私たちに教えてくれるのである。長期間、非常にしばしば、それも激しく用いられて鐸音を発し、しかも再三磨かれ、物に触れて表面の飾文が浸冠する。そうした銅鐸のイメージが古い銅鐸のイメージを作り上げるのである」と記述している[36]。

これが銅鐸の現物をつぶさに見ての研究者たちの印象である。こうまで激しく打ち鳴らす銅鐸の発する音にどのような意味があるのか。従来の説ではその音は、穀霊を呼びおこすとか、あるいは鎮めるとかいわれる。そのほかに、祭りの場の演出だったり、銅鐸の音に合わせて舞い踊るなど、祭りの高揚感や心理的な作用がいわれたにすぎない。そうした演出効果ももちろんあるのだろう。しかしそれは従属的な意味であって、実は音そのものに銅鐸の最大の存在理由があるのだ。その輝きが太陽を意味することと共に。

銅鐸の音について考えるには、まず古代中国における太鼓の音から入るのが示唆的である。黄強の『中国の祭祀儀礼と信仰[37]』下巻の「太鼓の精霊」によると、太鼓は古来、中国の民間の祭りにおいて最も重要な楽器であった。中国の祭祀儀礼における太鼓の役割は情緒の表現、精神の高揚、これらをかもすための音楽伴奏の役割である。しかし、いちばんの目的は神と人を結びつける作用であったという。つまり「神様に人間のメッセージを伝える」「神界と人間を疎通させる道具」「神を迎え祭ることを神界に伝える」という役割があるのだった。

３０００年前の商周時代にすでに楽器によって人間のメッセージを神に伝えるという観念は形成されていた。その例として『周礼・春官・大司楽』の「以楽降神」（音楽によって神降ろしをする）という言葉を紹介している。神を降ろすことができる楽器として、太鼓や管、琴、瑟《しつ》などがあり、古人は「楽器や歌舞などによって神界に住んでいる天神や地示、人鬼などの神霊を人間の祭りの場所に降ろし祭るという考えを持っていた」と説いている。

そして中国での太鼓の歴史は５０００年に達し、古代の祭祀儀礼に密接な関係があることを認めている。その上で古代呉越の伝説「雷門の太鼓」を紹介している。『会稽記』にあるその内容は、

> 会稽城の雷門の上には、太鼓がある。この太鼓は、周りが二丈八尺に達し、出した音が洛陽でも聞かれる。晋の時代、孫恩という人が反乱を起こした時、軍人は、この太鼓を壊した。その時、二つの白鶴が、この太鼓の中から飛び出した。その時から、この太鼓は音が出ていない。

というものである。

また『臨海記』という古代文献からも、白鶴山の白鶴が会稽城の雷門の太鼓に入ると、雷門の太鼓は鳴る、孫恩の反乱の時太鼓を壊すと、白鶴は太鼓の中から飛び出して飛び去り、これ以後、この太鼓は遠方へ届くような音がでなくなった、と

いう話を紹介している。その他白鶴が白鷺になるなど、いくつかの異伝を紹介している。

そして古代人が白鶴・白鷺を太鼓の精霊と見なし、太鼓の音が遠くへ伝わる原因は空を飛ぶ鳥にあり、またそのはばたきによって太鼓の音が遠くまで届くと信じていたのであろうという。古代の「太鼓の精霊」信仰には、目に見える鳥によって無形の音を表したという考え方があったのであろうと黄強は記す。ここで連想されるのは銅鐸の絵に鳥や動物が描かれるということである。銅鐸に鳥や動物の絵を描くことで、銅鐸の音を、つまり人間の願望をより遠くまで届かせたい、神のところまで運んでくれることを願っているのではないかと考えられるのである。

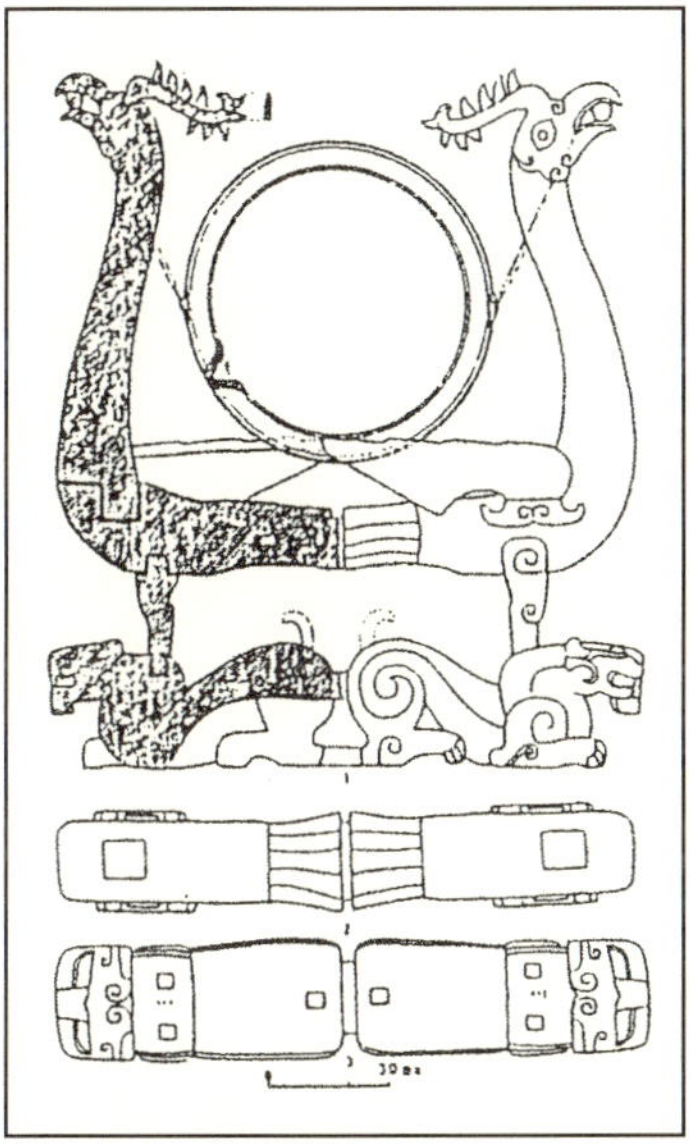

図８　信陽の楚墓から出土した「虎座鳥架鼓」

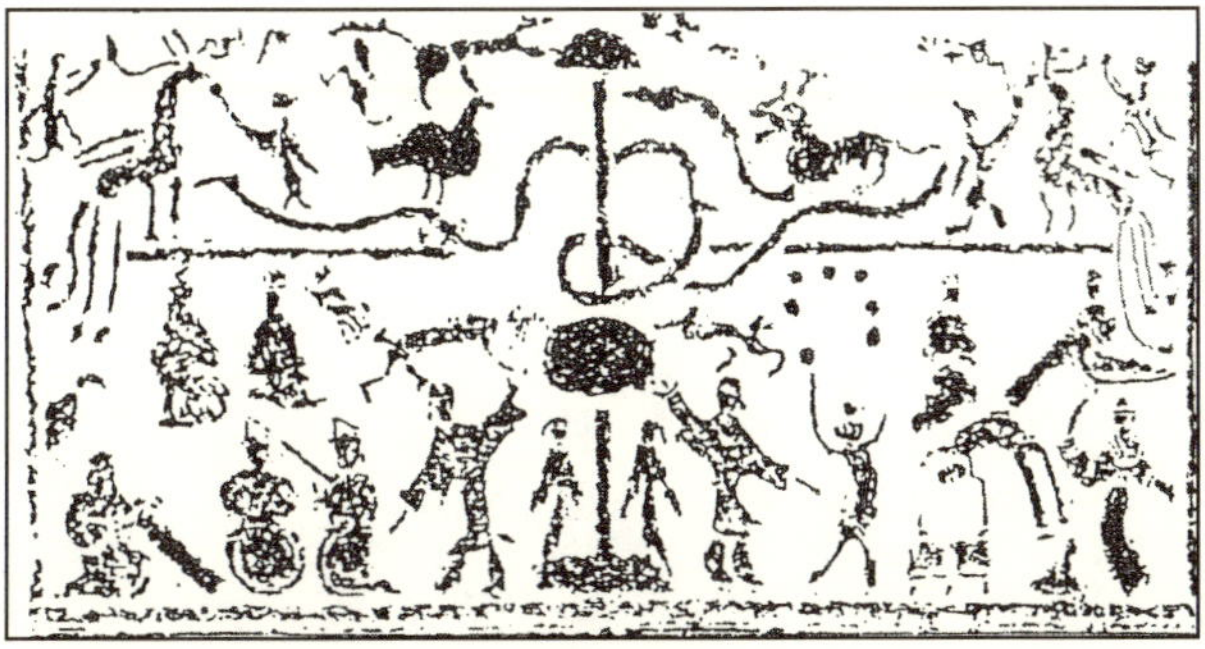

図９　漢代画像石の建鼓（徐州）

「雷門の太鼓」は呉越地方の伝説だが、太鼓の精霊という信仰は古代の中国に広く見られる信仰であるという。また太鼓に鷺を飾る習俗の存在も認められるという。

このような習俗は遺物によってもみることができる、として次のものを紹介している。まず楚の墓から発見された「虎座鳥架鼓」（図8）という太鼓には台座に虎が腹ばいになっており、虎の体の上に2羽の鷺が背中あわせに立って太鼓をささえている。この「虎座鳥架鼓」は周の時代の「懸鼓」という吊るして使う太鼓の特徴を受け継いでいるという。また東漢時代の墓の画像石に「建鼓」という太鼓があり、太鼓の真ん中に柱が立ち、その上に鷺がついている。

太鼓の胴を貫く柱は「宇宙樹」であり、「神柱」「神樹」でもある。そして漢代画像石の建鼓の図（図9）を示して説明するところによると、

真中に横の線がある。線の上は神霊の世界であり、線の下は人間の世界である。「建鼓」の柱は、二つの世界を貫いている。しかも、柱の頂部の周辺には様々な鳥がいる。その図は、人間の世界に位置する巫覡達が太鼓を叩く方法で、「宇宙樹」である柱及び「太鼓の精霊」である鳥に頼って人間の願望を神霊の世界に伝えるという意味を表すものと考えられる。

と絵の意味を解いている。それは現在の民間祭祀儀礼にも受けつがれ、その典型的な例は中国北方のシャーマンが使う太鼓であるという。

さらに中国南方の銅鼓をとり上げ、銅鼓の文様の中には「翔鷺紋」という羽ばたく鷺の文様があり、その図版を示している。銅鼓は紀元前7世紀の春秋時代に出現しており、「江西、雲南、貴州、四川などの壮族、苗族、瑤族などの民族は、現在でも銅鼓の伝統習俗を伝えている」という。

太鼓の精霊と鳥霊信仰

黄強はつづけて、これらの白鶴、白鷺を太鼓の精霊とする信仰は中国古代の鳥霊信仰と深い関係があるという。鳥霊信仰の鳥はまた中国の神話に

登場する「三足烏」や「金烏」など、太陽のシンボルである。それとともに古人は「雷の鳥」という信仰も持っていたとする。「古人は恐ろしい雷と鳥を結びつけて、稲妻を鳥の飛翔、雷鳴を飛翔する鳥の翼から出る音と考えていたのだという。そうした信仰が発展して「人間の世界と神霊の世界を自由に往来できるカミは鳥のような身体と翼を持ち、あるいは鳥に乗って空を飛翔する」と考え、巫覡は人間の便りを神に伝えるさいには動物の精霊の力を借りてカミや祖先と交わる。なかでも空を自由に飛翔できる鳥の精霊はもっとも巫覡に重視されるという。

そして鳥霊信仰では巫覡の助手としての「鳥」は3種の形態によって現れるとする。

その一つは神樹、神柱のてっぺんに飾りつけて神が人間の世界に出現するときの「依代」とし、巫覡が神霊の世界に昇るときの「通路」ともなる。鳥はそのさいの乗り物である。

二つめに鳥が直接巫覡の身体に飾りつけられることにより「鳥」に変身して超能力をもっていることを表す。

三つめは、「鳥」が巫覡の使う法器や楽器などの道具に飾りつけられて、たとえばさきの白鶴や白鷺のように「太鼓の精霊」が中に宿ることを表すといった例である。

こうして「太鼓の精霊」信仰は「鳥霊信仰」から生み出されたものであると結論づけている。

このように太鼓も銅鼓も、その音の起源は鳥霊信仰にあり、太陽を象徴する鳥が神界と人間をむすび、人間の願望を神霊の世界に伝えるのである。中国北方のシャーマンの使う太鼓もその皮に鳥などの絵が描かれているという。その中国北方のシャーマンの太鼓もその起源は中国南方である。

北方シャーマニズムの太鼓も南方起源

『稲と鳥と太陽の道』によると北方シャーマニズムの太鼓は中国南部の少数民族から伝播したものであるという。「エリアーデは宇宙樹、シャーマンの太鼓、天界上昇のあいだには密接な関係があり、シャーマンにとって太鼓は〝世界の中心〟に運んでくれる呪具であるという。アルタイ系の楕円形の片面太鼓とそっくりなものを、私はかつて雲南省民族学院でみた。イ族とハニ族のシャーマンが用いる楕円形片面太鼓である。私はイ族系の片面太鼓が、そのままシベリアへ伝播したとみている」とし、そして国立音楽大学楽器資料館の郡司スミの「およそ太鼓の起源は南方であり、あの単純な打楽器に北方系というものがないのは不思議です」との言葉を紹介している[38]。

一般に北方ユーラシアの少数民族のシャーマニズムは田中克彦の説くように、土着の信仰習慣と見られがちである[39]。しかし、ひきつづき萩原によればその起源は中国南部である。

殷のシャーマニズムを含んだ文化が北方のツングース文化に伝播していったのである。この殷の文化はそもそも稲作栽培が始まったとされる長江中・下流域の河姆渡遺跡、南托遺跡などを源流とした稲作文化にともなう太陽信仰や鳥霊信仰を引き継いだもので、中国のシャーマニズムの原点と考えられるという。田中克彦の「北方民族のシャマニズム」を読むと北方ユーラシアの少数民族のシャーマニズムは土着の信仰習慣としているが、やはり南方起源の要素が垣間見えることに気づく。それを2点について指摘しておこう。

ひとつはシャーマンの装束が鳥を模したものであること。シベリアのシャーマンは太陽、月を表す金属の板や鏡をその装束に吊るす。それらの銅鏡や鈴は漢代に伝わったものである。そしてブリヤート、ゴルド、ギリヤークなどに射日神話がある。殷のシャーマニズムの複合要素としての射日神話、鳥竿、鳥装などが北方ユーラシアの少数民族へ伝わり、朝鮮、日本へも伝播したと考えられる。

そしてもうひとつは太鼓がシャーマンにとって必須の巫具だということ。これらはさきほどらい述べてきたように鳥霊信仰と太鼓の精霊によるもので、どちらも南方起源である。

「韓国における鳥竿」（崔吉城）をみると、韓国のシャーマニズムはやはり北方系由来とする考え方が強い、とされる[40]。しかしこれまで見てきたように北方少数民族への殷の巫祝文化の影響は疑いようがなく、朝鮮半島においては北方系と南方系の両者が習合したものと考えるのが妥当と思われる。萩原は『稲と鳥と太陽の道』において朱蒙の神話をとりあげ、高句麗の始祖朱蒙は、母が日の光を受けて子を孕む日光感精により生まれた「日の御子」であるとともに、卵から生まれた卵生型の始祖でもあるとしている。そして、匈奴・鮮卑など北方系の民族の伝承や中国古代の神話にも数多く見られる「日光感精神話」と、殷の玄鳥説話をはじめ、新羅・伽耶、中国西南部の少数民族、東南アジア諸地域と南に広がる「卵生神話」とが合流したものであり、「朝鮮文化の基層には北方文化と共に南方文化の要素が認められる」としている[41]。朝鮮半島における北方系文化と南方系文化の習合については諏訪春雄の『日本王権神話と中国南方神話』からもうかがうことができる[42]。

以上、太鼓の音の起源とその意味について考えてきた。それはまた銅鼓にもいえることであった。そして中国南部のシャーマニズムが太鼓をともなって北方へ伝播したのであり、朝鮮半島へも影響をおよぼしたのだと考えられる。

太鼓、銅鼓、銅鐸、儺

ならば銅鐸へも同じ考え方が伝承されたとしても不思議ではない。太鼓も銅鼓も中国大陸に広く伝播し、時代をもこえて後々まで伝わり現代のシャーマン、中国の少数民族やベトナムの銅鼓として伝承されている。日本列島にも稲作関連文化の要素の数々が伝わるなかで、太鼓の精霊や銅鼓の鷺が意味するものと共通する鳥霊信仰をうけついだ要素が、銅鐸とともに運ばれたとしても不思議はないだろう。

つまり、銅鐸の輝きは太陽であり、銅鐸を鳴らす音は神界と人間を結び、神界へ人間の願望を伝える音であり、それは鳥によってより遠くへも運ばれるものであり、銅鐸に描かれた鳥や動物たちには人間の願望を神にとどけ、と託されているのである。

鳥や鳥の声の重要さについては儺《な》文化の「儺」の字からもうかがうことができる。

萩原によると、儺とは「災難や邪、悪霊を祓い、福を招くことを目的とする芸能で、鬼神の登場する仮面劇である。これを儺戯というが、日本では唐代の儺の強い影響を受け宮廷行事・大儺がはじめられ、やがて寺院の法会にとり入れられている」もので、日本では追儺、鬼やらいともいう。そして「儺文化は、巫による豊作祈願の呪術として出発」したものだとして、白川静の『字通』から引用し、「儺は難と同字で、旧字は難につくり、𦰩+隹（鳥）であるという。『説文解字』には「難（難）鳥也」とし「𦰩声」としている。ここでは𦰩を鳥の声と解している」という[43]。

𦰩が鳥の声であるならば、巫者は鳥の声を使って呪術を行ったということになる。そうだとすると思い出すのは『古語拾遺』の最後にある御歳神《みとしのかみ》の神話に出てくる片巫《かたかんなぎ》（志止々鳥）である。

昔、大地主神《おおなぬしのかみ》が田を作る日に牛の肉を農夫にふるまった。それをみた御歳神の子がつばをはいて、帰って父に告げると、御歳神は怒って稲の害虫を放し、苗をすっかり枯らしてしまった。そこで大地主神が片巫と肱巫《ひじかんなぎ》に占わせると「御歳神のたたりだから、白猪、白馬、白鶏を奉って怒りを解くべきだ」との答えを得た。そのとおりにしたところ、御歳神が応えてたたりを解く方法が教えられ、ふたたび稲の葉が茂って豊稔となった。

この片巫、しととりというのは、ホオジロのことで、わたしは先に個人誌『散歩の手帖』23号において「ホオジロは巫の鳥」と題して「白猪《しろい》、白馬《しろうま》、白鶏《しろかけ》」はホオジロのさえずりを聞きなしたものであるという見解をまとめた。[44] 儺の起源が、鳥の声を豊作祈願の呪術に使ったものから出発しているとすれば、『古語拾遺』の片巫はその伝承を引き継いでいる習俗ではないだろうか。猪、馬、鶏はどれも古代中国で太陽の順調な運行を司る動物である。「ホオジロは巫の鳥」において御歳神の神話は中国江南までさかのぼる要素があると記しておいたが、その可能性がさらに強まったものと思う。

このようにみてくると、太陽信仰と鳥霊信仰が儺文化を生み、太鼓は北へ行ってシャーマンの太鼓となり、銅鼓は西南少数民族やベトナムへ伝わり、銅鐸は朝鮮半島へ、さらに日本列島へもたらされたものと考えられる。

銅鐸の音色

銅鐸は小さいうちは鈴の音に近かったのではないか。カンカンという音よりもリンリン、これは鳥の声を模したとも考えられる。それというのも、さきほど巫覡の助手としての「鳥」は3種の形態によって現れるという引用をしたが、その二つめ、巫覡の身体に直接飾る、ということに関連して、近藤喬一によるニオラッツエからの引用を紹介すると、「シャーマンの衣裳についてゐる小鈴は、他の民族の教儀に於いても一役を演ずるものと思はれる。原始民族に於いて響音を発する小鈴は生物とせらるることは周知のことである」としていることからも、起源としての銅鐸の音は鳥の声だった可能性を私は感じている。それはまた三星堆出土の「一号神樹」に吊り下げられていた鈴や鳥形鈴などにさかのぼるものであろう。

たまたま銅鐸の音を聞くことができた。2011年5月22日（日）NHKラジオ「日曜あさいちばん」という番組のなかで、6時46分ころだった。「音に会いたい」というコーナーがあり、銅鐸の即興演奏が聞こえた。冒頭で演奏家の名前や何十年前の収録、といったことをアナウンサーが話していたのだが、聞き漏らしてしまった。銅鐸の音だけはしっかり聴いた。舌《ぜつ》を中に吊るして音を出したという。その印象は、乾いた軽い音で、はずむような転がるような感じだった。どのくらいの大きさの銅鐸を使ったのかわからないが、音の感じでは小さい銅鐸だったかもしれない。複数個だと思ったが、いくつ使ったのかわからなかった。銅鐸をずっとずっと小さくすれば鈴の音に近いという印象で、鳥の声それも小鳥の声を感じさせる。はたしてこれは無理なこじつけだろうか。

⑤銅鐸の絵の意味

目は太陽を表わす

邪視文銅鐸のいわゆる邪視文は二つの目がカッと正面をにらみつけているかのようなのでこう呼ばれている。確かに両の目のように見えるので邪悪なものを撃退するとか、悪霊をよせつけないといった意味づけをされているが、これは太陽を表現しているのだと思う。銅鐸が太陽であると同時に、それを証明あるいは強調するかのように象徴としての目を描いているのではないか。目は太陽を表わしていることは、たとえば、3章「銅鐸とアマテラス」に出てくるが、イザナキが左目をすすいだときに太陽神であるアマテラスが生まれたとか、古代中国では盤古が死んだときに左目が太陽になったというぐあいに、目は太陽を象徴するのである。弓神事のオビシャやオコナイにおける奉射の鬼の目も太陽や月といわれる。

有名な、鼻まで描かれた福田式銅鐸（木幡氏例）という邪視文銅鐸はたまたま鼻まで描いてあるが、他の邪視文銅鐸は正面顔の目だけである。このことからも、鼻はつけたしで、目にこそ描いた意味があり、それは太陽としての象徴であるとみたい。

邪視文どころか、銅鐸の表面に描かれた円や渦巻き、双頭渦文、双頭渦文を半分に切ったわらび手文、鋸歯文や斜格子文、綾杉文に至るまでも太陽や太陽の光線、陽光を表しているのではないか。銅鐸は余分な太陽であり、太陽は複数あるのだから渦巻きが連続していれば渦巻きの数だけ太陽があり、両の目も二つの太陽、斜格子文や綾杉文は太陽の光彩のようなもので輝きを周囲に放っていることの表現に見える。なにしろ射日神話の異伝は二日から九十九日まであるのだから。

双頭渦文は鳥の羽という見方もある。近藤喬一はつぎのように述べている。[46]

飛躍とお叱りを受けることを覚悟していえば、河姆渡《かぼと》の太陽と鳥のモチーフが、姿を変えて伝わったものが、錦江流域に出現する八珠銅鈴のモチーフであると私は考えている。中心の放射状の文様は、太陽を象り、双頭渦文はおそらく鳥の羽が変形したものであろう。（略）（シャーマンは）手には太陽神崇拝のシンボルであり、また神をまねく鈴のついた八珠銅鈴をもって大地を踏みしめてエクスタシーの状態で踊った。弥生の青銅器を用いた農耕儀礼の根底に、これら東アジア水稲農耕社会、あるいは広く農耕社会といった方が良いか、太陽神崇拝の儀礼が存在していたと私は理解している。

飛躍しすぎかと懸念を示しているが、そんなことはない。文中の河姆渡の太陽と鳥のモチーフというのは、林巳奈夫のいうところの象牙や骨に彫られた「太陽を抱く双鳥紋」といわれるシンボル・マークで、太陽信仰と鳥霊信仰の習合したものであり、巫者は首から紐で吊るしたとされる。また林は15ページでも述べたように「大型鉦に特徴的な渦文は、羽の表現の転化したもの」というように渦文は鳥であり、鳥は太陽を象徴するものである。

八珠銅鈴とは朝鮮半島の馬具から発展したとされる青銅器で、八角に突き出た星形の先のそれぞれに銅鐸に描かれたのとよく似た双頭渦文を飾ったもので、近藤はこの鈴をシャーマンのシンボルと考えている。したがって銅鐸に描かれた双頭渦文やわらび手文もシャーマンのシンボルであろうとしている。[47]

私はさらに、この双頭渦文とわらび手文をシャーマンのシンボルとしての意味をも含んで、まず太陽を象徴するものであろうと考える。鳥は太陽を象徴するとされるからである。シャーマンはまず太陽を司祭するものとして存在した。そして渦文は鳥の羽であると同時に太陽を象徴するのである。

さらに「見る銅鐸」、すなわち大型化した銅鐸の鰭の部分に二つずつ突き出ている飾耳も太陽を意匠化したものであろう。いくつもの太陽が銅鐸の縁の一方から昇り他方へ降りていく。つまり日が昇り日が沈む経過を表現しているのではないか。二つずつ組になっているのは双頭渦文をひきついだものだろうか。

動物に人の願いを託す

銅鐸には鳥や動物、虫などを描いた絵がある。これは「④音響具としての銅鐸と音の意味」で述べてきたように、動物などに人の願いを託して神へ届けてもらうために描いたと考えられる。

石川日出志によると、現在銅鐸は約500点あり、そのうち61点に絵があり、描かれた対象は400余り、そのうちシカが3割以上を占め、次いで人物、魚、クビの長い鳥、イノシシの順だという。「シカには角が描かれておらず」となっている。春成秀爾の「角のないシカとあるシカは春と秋のシカを表現したものであり、角の成長とイネの成長を重ねたのではないか」という見解を紹介している[48]。

萩原はこれに対して稲の豊穣予祝という観点から雌を描いたものであるとしている[49]。私の見方では、人の願いを神へ届けてもらうための動物だとすれば、そのシカが神に角をむけているわけにはいかない、と解釈してみた。

寺沢薫によると、銅鐸の絵画のほとんどは「弥生人の心を描く[50]」による区分でいえば、銅鐸の変遷のうちのⅡ期、つまり外縁付銅鐸から突線鈕Ⅰ式までのものに集中しているという。これは弥生中期後半に埋納されてしまう前期の銅鐸に相当する。突線鈕Ⅱ式以後の後期銅鐸では絵画は記号化していく。このことは信仰が強く働いていたのはⅡ期までで、その後は銅鐸が形式化したことを示しているのではないか。

同じく寺沢によると銅鐸と土器の画題の比較をすると、銅鐸には動物、虫などが多く、土器にはシカ、人、建物が多いという。これは「④音響具としての銅鐸と音の意味」でふれたように、銅鐸の動物、鳥、虫などが神と人とを結ぶからであろう。ところが銅鐸をやめてアマテラスへの一元化以後、つまり後期銅鐸である突線鈕Ⅱ式以後の銅鐸では絵画は衰退し、記号化が進んでいる。これはアマテラスへの一元化によって本来重要だった動物や虫などの媒体が不用になったからだろう。権威として銅鐸の存在意義が増していくように見える銅鐸の大型化であるが、その実は信仰の衰退、祭祀の儀礼化、形式化、そして形骸化へと進んでいたのである。「アマテラスへの一元化」については、3章「銅鐸とアマテラス」で詳しく述べる。

ツルとされるのはコウノトリ

ところで、サギかツルといわれている水鳥の絵はコウノトリであるらしい。朝日新聞2011年5月19日朝刊に「コウノトリ最古の足跡」との記事が載った。記事によると、大阪府の池島・福万寺遺跡で見つかった鳥類の足跡が弥生時代前期のコウノトリのものと確認されたという。奈良文化財研究所と山階鳥類研究所との共同研究で、兵庫県立コウノトリの郷公園から借りた足型と照合した結果、指の長さや太さの特徴が一致したという。

図10　コウノトリ

そして銅鐸にはこれまで26羽の鳥の線刻が確認されているというが「古来神の使いとされるサギかツルとみてきたが、今回の足跡はコウノトリが大半でサギは少なく、ツルはなかった」という結論を出している。

一般にクビが長くて、白い大きな鳥はツルといわれてしまう傾向があるが、実はその中にはかなりの場合コウノトリが含まれると考えられる。それにツルは冬に渡来するだけで、稲作の時期にはいないので、私もツルではないと思う。穂落し伝承ではツルが稲穂をもたらしたという話が多いようだが、萩原によると、「ツルの神聖視は道教や神仙思想の影響でそう古いものではない」としている[51]。諏訪春雄も、稲をもたらすのはもとは天の人間、つまり神で、伝来者が鳥になったのは「天地の分離が明確に観念され、人間の往来が不可能と意識されるようになってからの変化」と述べている[52]。

3章　銅鐸とアマテラス

①射日・招日神話と天岩屋戸神話

天岩屋戸神話は招日神話

前章では銅鐸の音の意味とその重要性を考えてきた。この章ではそのように重要な音でありながら、なぜ「聞く銅鐸」から「見る銅鐸」へ変化したのか、について考えてみよう。しかもこの間にはあきらかな断絶がある。その断絶とは何かを考えてみる。

この謎を解くためには、もう一度射日神話をふりかえってみる必要がある。射日神話を構成するのは招日神話とその前段である射日神話のセットである。射日神話とは天に昇ってくる複数の余分な太陽を射落とす神話であり、こわくなって隠れてしまった残りの一つの太陽を呼び出すのが招日神話で、全体で太陽の順調な巡りをとりもどすという神話であった。

わが国の天岩屋戸神話はこの射日神話の後段の招日神話であり、この前段に射日神話を欠いたもので、萩原秀三郎によれば、前段に「もともとは日本をとりまく東アジアに分布する射日神話が当然あった」ものと考えるとしている[53]。そして冬至の太陽の復活か、あるいは日蝕を意味する神話であるという定説化した見方を否定している。筆者もこの考えを支持する。

ところが必ずしもそうではない見解、つまり定説による解釈がやはり多いらしい。

諏訪春雄の『日本王権神話と中国南方神話』によると、この本の主旨は日本の王権神話にかかわる基本構造は中国南部に由来するというものであるが、諏訪によると、天岩屋戸神話の解釈にはこれまでにおもに次の5つがあるという[54]。
ア．アマテラスは大嘗祭の準備中に穢れにふれた。
イ．日神であるアマテラスの日蝕神話である。
ウ．日神であるアマテラスの冬至神話である。
エ．生命力の回復を祈願する鎮魂祭である。
オ．大祓えの儀礼の性格をもつ。
このなかには射日神話も招日神話もあげられていない。諏訪はさらにつづけて、中国南部の少数民族に伝えられている射日神話と招日神話のセットになっている神話を紹介しているが、それにもかかわらず、天岩屋戸神話と射日・招日神話との関係には、なぜかふれていない。

萩原秀三郎は天岩屋戸神話が日蝕神話でも冬至神話でもないことの理由として、『中国の年中行事』（中村喬　平凡社1988年）によると「中国では文献上にその（冬至祭天の）痕跡はほとんど見られず、冬至祭天が実際に行われるようになったのは魏の第二代の明帝の景初元年（237年）からで、比較的新しい習俗である」としている。そして中国西南部の少数民族にも固有の習俗としての冬至祭祀は現在もまったく行われていないという[55]。

また萩原によると、日本民俗学では春分・秋分よりも冬至や霜月祭を重視しているが、冬至は決定的役割を果たさないという。その理由として、夏至・冬至を折り目として大祭を行ったのは高緯度地方で、中国に冬至祭が生じたのは北方の漢族であり、江南の民族に冬至祭はなかった。新嘗の祭りにしても、伊勢神宮も宮廷の場合でも民間でも、イネやアワの収穫期の9月前後に行うのが一般的だった。秋祭りが冬祭りへ移行し始めたのは律令体制の整備にともなうものであったとし、「つまり、冬至・霜月重視はもともと日本の基層文化にはなく、冬至祭天をはじめた魏の年代以後の漢土の支配文化としてのたびたび渡来した暦法の影響によるものである。その漢土の文化ですら元来は春分・秋分を重んじていた」とまとめている[56]。

景初元年といえば卑弥呼の時代、弥生時代の後期である。だから魏の景初元年からはじまったとされる冬至祭天が、卑弥呼の時代より前の、弥生中期末である前期銅鐸の終息時期より前に日本列島に伝わっているとは考えられない。前期銅鐸の終息時期については「④アマテラスへの一元化とオオクニヌシ的初期王権」で述べる。

そしてもう一方の日蝕神話は射日・招日神話とはまったく別個の神話として、中国各地の少数民族に伝えられているという。

これで天岩屋戸神話が冬至の太陽の復活でも、日蝕を意味する神話でもなく、射日・招日神話の射日を欠いた神話であると確認できたと思う。このように解釈することによって、アマテラスと銅鐸の由来や変遷が有機的に結びつくのである。

不用になる銅鐸

そうすると、アマテラスを唯一の太陽神として据えることにより、前段の射日神話にともなっていつも埋められることになっていた太陽、つまり銅鐸が不用になる。埋めるべき銅鐸がいらなくなるのである。これが前期の銅鐸の埋納される理由であろう。祭りごとに掘り出しては埋められていた銅鐸がうめられたままになったのである。旱魃など天候不順をもたらすかもしれない余分な太陽、そのような危険なものは、もう掘り出す必要がない。

ではどのように射日神話は脱落したのか。伝承の過程で衰微したのか、あるいは誰かが意図的に落としたのか。私は意図的に落としたものと考えている。

なぜなら天岩屋戸神話の上では脱落しても、射日神話は形を変えながらもすでに述べたように、オビシャなどの民間の弓神事の中で太陽を射る行為として広く永く伝えられているからである。

銅鐸を使った太陽神の祭祀がいかに当たり前のものだったかを考えてみよう。銅鐸のもともとの数を春成秀爾が試算している(57)。春成によると、おそらく3000個以上となり、少し控えめにみても、弥生時代に作った銅鐸の数は2000個以上を推定しており、共著者の佐原真も同意している。2000個だとして、その上で銅鐸の分布圏内で一つの村に1~2個はかるくあった計算になるという。畿内だけで拠点的な村の数は現在わかっているだけで200くらいなのだそうだ。そうすると銅鐸を使った祭祀というのはごく当たり前の村の祭りであったろう。

そのように各地で行われている盛んな祭祀において、射日神話が個々の村々でばらばらに、自然消滅的に衰微していき、銅鐸が使われなくなっていったとは考えにくい。やはりこれはなんらかの勢力の意図的な強制力が働いていたのだと考えられる。その勢力が射日神話を省略し銅鐸を一斉に埋納したのだろう。しかし、のちのオビシャ、弓神事などに伝承される民間の行事には、なおも太陽を弓で射るという古い形をとどめて広く永く伝えられていったのだろう。

神話が時の経過とともに衰微したのではなく、意図的に省略され、そして銅鐸を埋納したのではないか。それはアマテラスを唯一の太陽神にするために必要だったのである。ではどういう勢力によって省略されたのか。なぜ射日神話を捨ててアマテラスを唯一の太陽神にする必要があったのか。それについて考えるまえに、アマテラスの由来を確認しておこう。

②アマテラスは地上の生まれ

『古事記』ではイザナキが河口で禊をしていて左目をすすいだときにアマテラスがうまれた、とされる。中国の天地創世神話である盤古神話では「盤古が死ぬとき、その体がいろいろなものに化して万物が生まれ」左の目は太陽になった[58]。アマテラスの誕生はこの盤古神話が元になっているのだろう。

また日本書紀の一書第六によるとアマテラスの誕生は海辺でツクヨミ、スサノヲとともに姉弟として生まれたとされる。一方は河口、もう一方は海辺、どちらにしても海辺である。

島国では太陽は海から昇り海へ沈む。太陽はあたかも海の中から出てきて、海の中へ沈むのである。太陽神であるアマテラスが海辺で生まれたというのはそれを反映しているのだろう。

しかし太陽誕生の伝承のもとは中国古代の射日・招日を含む十日神話であるから、その中国では大地の果てから扶桑の木を昇って西へまわり、大地にもぐるのである。列島に伝わった結果として大地の生まれが海辺の生まれとなったものだろう。だから山間部では銅鐸は山に埋めるが、沿岸部では海辺に埋める例が少なくないのである。

日本書紀にはアマテラスが尊いので地上から天に上げようという話がある。その箇所は神代上の第五段の本文である。講談社学術文庫版の現代語訳『日本書紀』によると、イザナキ・イザナミが日の神つまり天照大神を生んで、そのとき言うのには「「わが子たちは沢山いるが、まだこんなにあやしくふしぎな子はない。長くこの国に留めておくのはよくない。早く天に送り高天原の仕事をしてもらおう」と。このとき、天と地はまだそんなに離れていなかった。だから天の御柱をたどって、天上に送り上げた」となっている。これも元はアマテラスが地に由来することを暗示している。

アマテラスが射日神話の後半の招日神話の主人公であるなら、アマテラスの始原は江南の太陽神話にあるわけで、地中を通って天へ昇る太陽であり、そして地に沈むという地の生まれなのである。

そこでアマテラスの由来について、そしてアマテラスがいかに江南の地に近い存在か、ということについて考えてみよう。

古事記ではイザナキが黄泉国から逃げかえって、筑紫の日向の橘の小門《おど》の阿波岐原《あわきはら》で禊をして、左の目を洗ったときにアマテラスが出現したという。岩波思想大系本『古事記』の補注（上巻）39によると、これはすでに記したように「中国の盤古神話（史記）に盤古の左右の目から日月が生じたという話と一致し、漢籍の知識による作為の可能性が強い。これではイザナキ・イザナミ二神の嫡出でないことになる」としている。漢籍の知識としているが、そうではなく、もっと早く稲作とともにあるいは前後して渡来した伝承であると考えられる。

盤古神話というのは、白川静によると盤古説話として、その原型は江南の地で苗族の説話だったかもしれないという。「苗族の地にやがて楚が進出し、苗族が次第に西南の山地に退いたのち、その伝承が楚国に残されたものとみることもできよう」と記している[(59)]。

左目を洗ったときにアマテラスが生まれたという話は『日本書紀』の一書第六であるが、その『日本書紀』では、三貴子であるアマテラス、ツクヨミ、スサノヲがイザナミを母として生まれたとしているのは本文だけである。これについても、さきの補注39ではつづけて、イザナミから生まれたとしたのは『日本書紀』の編者の改筆であろうとしている。

さらに日本書紀の一書第一ではイザナキが左手で白銅鏡をとったときにアマテラスが出現し、右手で白銅鏡をとったときにはツクヨミ、首をまわしたときにスサノヲが出現したという。岩波古典文学大系の『日本書紀』（上）の同所の頭注によると、「日本では左を尊しとするのが古い慣習。南方中国では左、北方中国では右を尊ぶ」としており、日本と南中国とが左で一致している。

ところで溝口睦子は『アマテラスの誕生』において、アマテラスとトコヨの国との結びつきについて、日本書紀からつぎのようにとらえている。アマテラスが住むべき国を求めて大和国の宇陀《うだ》から近江・美濃をへめぐり、伊勢についた、としている書紀の垂仁天皇紀25年３月条である。そこでアマテラスは、この神風《かむかぜ》の伊勢国は常世《とこよ》の浪の重浪《しきなみ》帰《よ》する国なり。傍国《かたくに》の可怜《うま》し国なり。この国に居《お》らむと欲《おも》ふ。（この神風の伊勢の国は、常世から打ち寄せる波が、寄せては返し寄せては返しする、心地よい国だ。大和から離れた遠い国だが、この美しい国に私はいたいと思う）

こういって伊勢に住むことになったという。溝口睦子はあくまで伝承にすぎないが、「トコヨの国」がアマテラスにとってなによりも慕わしい国だったことを表わしているとみている。この海の彼方のトコヨの国はトコ（永遠）のヨ（寿命）の理想郷であり、さらにオオクニヌシもトコヨの国との結びつきが強く、「オオクニヌシの国作りは、大海原の彼方にあるトコヨの国の神の助けを得ることによって、はじめて成し遂げられた」とされる。[60]

こうしてアマテラスの誕生とオオクニヌシには

海洋的世界観が強く反映していると述べている。そのオオクニヌシの国作りとは溝口の『アマテラスの誕生』によって見ていくと、農耕、稲作、国土の造成、開発、医療や害虫駆除、災害をはらい除く呪《まじな》いなど、農耕神としての機能が中心であるという。「五百つ鉏なお取り取らして天の下造らししオオナモチの命」（沢山の鉏をもって国作りをなさったオオナモチ＝オオクニヌシ）という呼び名がオオクニヌシの本質を示していると述べている。そうした国作りには海の彼方のトコヨの国の神の助けが欠かせなかった。アマテラスはその誕生が海辺であり、「常世の浪」がなによりも慕わしいとされるなど、海洋的世界観を反映している。

そのトコヨの国には長鳴き鳥がいて、太陽を呼び出す鳥とされる鳥霊信仰がある。そうなると海の彼方のその先のトコヨの国は中国大陸にたどり着くのではないか。岩波古典文学大系『日本書紀』上巻の補注1―36「天照大神」では、民族学の岡正雄はアマテラスを「北方系神話と異質の、インド・中国南部・インドネシア方面につらなる南方系の稲作＝母権社会文化に由来するとし、松村武雄も比較神話学の見地からこれに同調している」と述べている。

アマテラスと中国江南

そこでさらに言えば、アマテラスは中国江南の地に由来するのではないだろうか。ここでこれまで述べてきたアマテラスの出自についての内容をふりかえってみると、つぎのようになる。

まずアマテラスは海辺で生まれているということ。『アマテラスの誕生』によれば、海洋的世界観のなかにあることを反映している。そして海の彼方のトコヨの国に慕わしい関係性がある。そのトコヨの国には長鳴き鳥が太陽を呼び出すという鳥霊信仰があり、これは中国江南の稲作文化発生地帯の太陽信仰、鳥霊信仰につながるものであると考えられる。また、アマテラスはイザナキが左目を洗った時に生まれている、というのは中国古代の盤古神話にならっていると思われる。盤古神話は江南の稲作の民ミャオ族を起源としていると して楚に受け継がれたと考えられている。さらに『日本書紀』の一書第一に左手で白銅鏡を持ったときにアマテラスは生まれたという。左目にしても左手にしても、左が尊いというのは日本と南中国に共通している。

以上のようにアマテラスの出自を各方面からたどっていくと、中国江南の稲作文化地域に行きつくのである。ということはアマテラスと、やはり稲作文化発生地帯を起源とすると考えられる銅鐸はともにその起源が近いところにあったということではないか。

アマテラスが稲作文化の発祥地に由来することについては、諏訪春雄も中国南方の少数民族であるトン族の神話をとり上げて述べている。「トン族の祖先神薩神とアマテラスの類似性」[61]によると、薩神は祖先神としての女神であり、稲の神であり、太陽神であるという三位一体で、薩神の祭祀は日本の新嘗祭とよく似ていて、神迎え、神人交流、神送りの三部構造になっているという。その上、実在する歴史上の英雄という性格もあわせ持っており、これはアマテラスが神話上の神であるとともに日本の天皇家の祖先とされる点でよく似ている。

しかも日本神話の冒頭では、海水を掻き回して引きあげた矛の先から滴りおちた雫が凝り固まって最初の島ができるのである。この国生みの神話は「なにもない世界に金属製の精巧な矛があるのは矛盾だが、神話ではこのような矛盾は珍しくない。それよりこの小道具の矛は、この神話が、矛が大切な祭器であった時代につくられたことを示唆している」と指摘している[62]。2章の②「なぜ銅戈銅矛が共に埋められたのか」に述べたように、銅鐸の祭祀に矛が共伴していたとされる前期の銅鐸の時代、つまり弥生中期前半である。

ということは、これは銅鐸と武器型祭器をともに使う祭祀と、国生みからアマテラス誕生までの「国生み神話」がともに同じ時代に並び立つということになる。そうであるなら、銅鐸の祭祀と太陽神話である射日・招日神話と太陽神であるアマテラスは共に稲作文化の渡来時にその複合的要素のまとまりとして、列島へ伝来したのではないか。

その伝来の途上ともいえる神話が韓国の済州島に残っている。済州島では旧暦の正月15日に豊作祈願の村祭りが行われ、このとき巫者が天地開闢神話の巫歌をうたうという。はじめ天と地が離れてから、まず星ができ、その次に鶏が首を上げ、羽をたたきながら鳴くと太陽が出てくるという。最初の太陽と月は二つずつあり、そのため昼は暑くて人間が焼け死に、夜は寒くて凍え死ぬあり様だった。そこに小星王兄弟の兄が現れて日月を弓矢で射って、一つだけ残し原古の秩序を形成するという話である[63]。

この話では国生みと太陽の誕生と射日神話が一体になっており、日本神話における国生みから天岩屋戸神話によるアマテラスの復活、秩序の回復までの話によく似ている。この点からも天岩屋戸神話が招日神話と射日神話のうち射日神話を欠いた神話であることがわかる。

それと、鶏がここではまだ太陽がないうちからすでに存在しているというのも、日本神話の国生みでの天の沼矛を思いださせる。どちらも重要な役割をはたし、鶏はいわばトコヨの長鳴き鳥で、江南の鳥霊信仰につながると思われる。

③前期銅鐸の最後

銅鐸は祭りのあとに埋められる

なぜ射日神話は削られたのか。それはアマテラスを唯一の太陽神とするためであった。しかし、これまで広く普及し、永く親しまれていたかにみえる銅鐸をなぜかんたんに捨てたのかという疑問がわく。

だが考えてみれば銅鐸はこれまでも祭りの主役ではなかった。従来の説では「銅鐸の祭祀」といわれるように銅鐸が祭祀の中心だと考えられていたが、射日神話で解釈すれば余分な太陽としての銅鐸は主役ではないどころか、祭の場で音を出す役目を終えれば、あとは始末のわるいやっかいものだったのである。

祭場における銅鐸の役目を想像してみよう。祭りは日の出前から始まり、明けゆく東の空にむけて銅鐸を鳴らして人間の願望、稲の豊作祈願を音に托す。朝日が昇ったら、空にはひとつの太陽でいい、二日はいらないのである。だから銅鐸は余分な太陽となるから祭場での役目を終えたら、はずされ、あるいは射落とされ（儀礼的に）そして埋められるのであろう。

そうした銅鐸を使った祭祀の場面ではないかと、よくひきあいに出されるのが鳥取県淀江町の稲吉角田《いなよしすみだ》遺跡から出土した壷に描かれた絵である。たしかにこの絵の左方にある立ち木らしきものに吊り下げられたふたつの紡錘形のものは銅鐸のようにみえる。だとするとこの絵はやはり祭祀の場を描いたのだろうか。銅鐸は祭りのあとは埋められると私は考えるから、銅鐸が吊り下がっている状態なら祭りの場面であろう。銅鐸は「水田ちかくの大木に吊るされて、稲についた穀霊を加護していたのではないだろうか[64]」との意見もあるが、稲魂を驚かしてはいけないとして音をつつしむという民俗があるところからして、祭りでもないのに水田近くに吊るしておくというのはないのではないか。

『神樹―東アジアの柱立て』によると、「(奄美大島竜郷町秋名では)田植え後この日(初穂祭)まではニイヤダマ(稲魂)を驚かしてはいけないと、太鼓や三味線などの鳴り物を禁じており、大声を出すこともつつしんだ。ミャオ族も田植のあと、イネの成熟までは、稲魂(苗家稲ともいう＝ミャオ族のイネの意)を驚かさないように、芦笙を吹いたり銅鼓を鳴らしたりすることをかたくいましめている」という[65]。となれば、稲田のそばにわざわざ音を出すものを吊り下げることはないだろう。

だから祭のあと銅鐸は丁重に埋められてきたのだ。それならもう使わないことになれば、もとより未練はないだろう。すでにこれまで広く親しまれてきたアマテラスという太陽神に我らの願いを統一できれば、もう銅鐸などいらない。

銅鐸からアマテラスへ

こうして銅鐸は不用品になった。銅鐸はやめてアマテラスでいこうとなったら、無理なく受け入れられたのだろう。それを受け入れるだけの有力な太陽神としてアマテラスが認識される存在になっていたのだろう。銅鐸はこれまでも祭りのあとは埋めておいた、そのように埋めておけばよい。早い話が厄介払いである。実は銅鐸は神聖なものでもないし、惜しまれるものでもない。いらない、余分な太陽である。だがしかし、放っておけば何しろ勝手にいくつも昇ってきて、灼熱地獄になりかねない太陽だから、物騒なものである。それだけに粗略にあつかうわけにはいかない。だから銅鐸はいらないものだが、大事にあつかわなければならない、という相反する性質を合わせ持っている。それゆえ大事なのに裸で何の施設もない土中に埋められるといった一見奇妙なあつかいをされるのである。したがって、それっきり掘りかえされることはなかった。

ではなぜアマテラスを唯一の太陽神にしなければならないのか。それにはアマテラスが太陽神として広く共有されていくのと平行して進んでいたと考えられる弥生社会のムラからクニへの統合化の過程を考えてみる必要がある。それぞれの小さい共同体がそれぞれに銅鐸を使って太陽の祭りをして、わが村の日の神に平穏、稔りを願っていたのだが、共同体がいくつも合流していくことになるとそれぞれの太陽というわけにはいかないし、自分たちの領地だけの平穏でもすまない。そこへもともと広く共有されていた神話のなかの太陽神としてのアマテラスがいたのだから、これは一元化しやすかったと考えられる。多くの銅鐸が単独で出土するが、それ以外に複数埋納例があるのは、この時共同体が合流した結果集められた銅鐸ではないか。アマテラスのその当時の実像について具体的に考察しているのが『アマテラスの誕生』である。

ここに描かれるアマテラスの実像というのは従来有力な見方となっている至上神、最高神としてのアマテラスではなく、素朴な女神であり、自然神のひとりとしての太陽神である。そのことを天岩屋戸神話を分析することで著者は確認している。詳しくは同書によってもらいたいが、その分析から抽出されたアマテラス像は、きわめて寛容で、心やさしく、むしろ気弱な神で、誰に対しても命令も指図もしない。およそ至上神とも最高神ともいえない姿であり、他の多くの神々とともに、自然神のひとりにすぎなかった。それでも光り輝く存在である太陽神であり、世界を明るく照らす偉大な神である。これが4世紀以前、つまりヤマト王権時代より以前のアマテラスの姿である、という[66]。

空に昇るただ一つの太陽が、すなわちアマテラスなのだ、ということは各地で祭られていたそれぞれの日の神がアマテラスに一元化されていったということである。各地の自分たちの日の神ではなく、アマテラスへの統一がこの時期にされつつあったのだろう。それは一方でオオクニヌシ的な「初期王権」としての形成に連動する動きでもあった。

④アマテラスへの一元化とオオクニヌシ的初期王権

初期王権の特質

では射日神話と銅鐸を捨ててアマテラスを唯一の太陽神にすえたのはいつだったのか、それはどういう勢力でどういう時代だったのか。

『シリーズ日本古代史① 農耕社会の成立』によると、中国地方で銅鐸祭祀が終息したのは弥生中期末であるという[67]。西暦では紀元後1世紀後半ごろであり、銅鐸の型式では突線鈕Ⅰ式を境として、それより以前の扁平鈕式までの銅鐸が埋納されており、これらの埋納には突線鈕Ⅱ式以後の銅鐸は共伴しない。このころが聞く銅鐸の最後である。

つまり前期の聞く銅鐸の時代はまず中国地方で終焉をむかえた。天岩屋戸神話から射日神話が消されたのはその動きのなかでのことになる。そして銅鐸を捨てて太陽の運行はアマテラスに一元化された。その背景としてムラからクニへと共同体が統合されていく過程があったと考えられる。その共同体統合の動きを神話の形で表現しているのがオオクニヌシの物語である。

溝口はオオクニヌシ的王について「まだ半ば共同体的な殻のなか」にあったオオクニヌシに「王権」とは不適切で「首長権」と呼ぶべきかもしれないが、「大八嶋国や葦原中国《あしはらのなかつくに》など、日本全体を支配領域として視野においた伝承が少なくないので「初期王権」と呼ぶことにしたという。

そしてオオクニヌシ的初期王権に認められた4つの特質をあげている[68]。

①オオクニヌシは国作りの神であり、なかでも農耕神であった。

②呪術的能力が必要であり、社会統合の原理は呪術だった。

③唯一絶対の存在としての王ではなく、有力神のなかの「領袖」あるいは「頭領」的存在であり、多神教的世界だった。

④海洋的世界観が背後から支えており、多様な価値観が並存していた。

これらがオオクニヌシ伝承をとおしてみた時の、この時代の人々が抱いていた王権像・首長像であり、「倭王とはいっても、豪族連合の盟主にしか過ぎなかった4世紀段階までの王」であったとし、さらにつづけて、これが「北方系王権思想を取り入れようとする直前の頃の、アマテラスが生まれ育った時代の、日本土着の思想や文化の一端である」としている。

溝口はアマテラスについてはこのうち、第③の特質である有力神のなかの素朴な自然神のひとりであると位置づけている。これがのちに皇祖神にまで高まるアマテラスの初期の位置づけだったとしている。

アマテラスの初期の位置づけについて異存はないが、海洋的世界観の中から生まれ、そして育ったのか、またこの時代の思想や文化が「日本土着の思想や文化」だったのかについては疑問に思う。というのは、社会統合の原理が呪術であるとか、多神教的世界であるとか、海洋的世界観といった特質はどれもみな江南へもさかのぼれる要素であるからだ。

だからそれは溝口のいうところの「北方系の王権思想に基づく建国神話」を取り入れる以前の中国江南由来を基として成長した「伝承を集成した

イザナキ・イザナミ系の神話体系」の中にいるアマテラスとオオクニヌシである。

豪族間のネットワーク

このオオクニヌシの初期王権の文化を神話として戴いているのが紀元前後の関東以西の日本における列島社会だった。時代でいえば弥生中期後半のことという。『シリーズ日本古代史① 農耕社会の成立』によれば「弥生中期後半の段階では、南関東・北陸以西ではどこでも拠点的な集落が存在し、周辺の集落を統括するとともに、隣接する拠点集落と、情報と物流のネットワークを形成していた」のだという[69]。これはムラからクニへと共同体が、争いと試練を経て、しだいに大きくなり豪族連合が各地に作られていくといった動きである。そして各地に国主としての在地首長が現われ、その頂点に立つのがオオクニヌシであり、葦原中国の主神だった。各地の日の神がアマテラスへの一元化の方向へ進み、前期の銅鐸が埋納されて終息するのもこの過程のできごとであると考えられる。

では豪族連合や豪族間のネットワークとはどういうものか、その中でアマテラスはどのような神として存在したのかを見ていこう。

溝口睦子の『アマテラスの誕生』から要約する。

溝口は例としてオオクニヌシを先祖とする、大和の三輪山の「三輪」を名にもつ「大三輪君《おおみわのきみ》」という上級クラスの氏をとりあげて説明している。大三輪君氏は各地に勢力を伸ばすために私有の部《べ》(土地と人民)を設置する。その部の管理者に中・下級クラスのその土地の豪族をおいて、擬制の同族関係を結ぶのである。こうした風習は日本の古代では通例として行われていたという。管理者になった地方豪族は、大三輪君氏の先祖系譜の写しをもらって、自家の系譜をつなぎ、大三輪君氏の擬制同族になる。

そのような例として大三輪君氏の擬制同族になった、但馬《たじま》国朝来《あさご》郡の神部直《みわべのあたい》という地方豪族が残した系譜が『粟鹿大神元記《あわかのおおかみのもとつふみ》』という古文献のなかに存在するという。この系譜は『古事記』よりもあきらかに古い時期に書かれたもので、「イザナキ・イザナミの神話を冒頭においた系譜であり、（略）従来『古事記』でのみ知られていた、スサノヲ～オオクニヌシ間の五代の古い神々の名がきちんと書き込まれている」という。そして「すなわち『古事記』成立以前の古い時代に、このようなスサノヲ～オオクニヌシ間の系譜まで克明に写したイザナキ・イザナミ系の神話が、この神話を共有している大三輪氏の擬制同族の間に流布していたことを、この古文書は示している」と述べている[70]。

これはヤマト王権下でのことであるが、少なくともその前の弥生時代後期においても、それに近い状況を想定してもいいだろう。なぜならイザナキ・イザナミ系の神話がムラからクニへの統合化の過程のなかで、広く流布していたと考えられるからだ。そして天岩屋戸神話と銅鐸の分布の範囲とは重なると考えられるし、前期銅鐸の埋納行為、そして終息はのちに天岩屋戸神話となる射日・招日神話にもとづくもので、この神話の広く共有されていた分布を反映しているはずである。

溝口睦子は、天岩屋戸神話は最初は地方豪族によって作られたと考えている。一方に「中央朝廷の神話」であるという見方がある。しかしそうではなく、その後の歴史の進むなかで、宮廷の鎮魂祭として石上《いそのかみ》（物部）の鎮魂法が、ついで伊勢神宮への信仰の高揚とともにサルメノ君の鎮魂法が付加されたものであるという。

そのおおもとは中国江南であるが、地方豪族によって作られた天岩屋戸神話はこうした擬制同族や豪族間の連携によるネットワークによって広がっており、神話は列島規模で共有されていたと考えられる。したがってアマテラスは土着文化の中核を担う太陽神であり、基層社会のなかでしっかり根づいていたことを示している。さらに「ウケヒ神話」でも神話の共有を確認できるとしている。

「ウケヒ神話」とはどういうものか。『アマテラスの誕生』にある概略をさらに粗っぽくちぢめると、アマテラスは、スサノヲが天上界にいるアマテラスのところへやってきたのは、天上界を奪おうとするためだと思った。しかしスサノヲはそんな野心はないとして、「清明心《きよくあかきこころ》」を証明するために「ウケヒ」という占いをやるといい出した。ところがなぜか「ウケヒ」はアマテラスも巻きこんで「互いに子を生み比べるという、神話ならではの奇想天外な占い」になった。

その「ウケヒ神話」で宗像三女神や多数の地方豪族の先祖が生まれる。皇室の先祖である天孫ニニギの父親オシホミミもここで生まれたとされる。溝口によれば「「ウケヒ神話」自体は、4世紀以前にその原型が成立した古い神話なのであるが、そこで生まれる神々にヤマト王権時代の地方豪族や、さらにのちには皇室も、その先祖を結びつけたのである。言葉を換えればこのことは、アマテラスやスサノヲにかかわる神話がヤマト王権下で、多くの地方豪族に受容され親しまれていたこと、また皇室もこの神話に出自を結びつけざるをえなかったということを示している」ので注目すべき神話のひとつであるとしている。

ウケヒ神話が4世紀以前に原型が成立した古い神話であるということは、3世紀代、つまり弥生時代後期にはすでにあったわけだ。とすれば、やはりムラからクニへの共同体の変化における豪族の形成や発展、連合などが反映しているはずである。

だからこそオオクニヌシの本拠地である出雲において銅鐸祭祀の終りがもっとも早かったのであ

図１１　荒神谷遺跡（島根県出雲市斐川町神庭西谷＝島根県教育委員会提供）

ろう。荒神谷や加茂岩倉の青銅器大量埋納もそうした共同体の変化や発展、連合の動きのなかでおこった。

銅鐸の埋納時期がわかった数少ない例がある。寺沢薫によると、徳島市名東《みょうどう》遺跡で弥生中期末、紀元後1世紀後半のさらに後半の時期として、突線鈕Ｉ式が出土している(71)。これも前期銅鐸の埋納時期、つまりアマテラスへの一元化によって銅鐸が不用になった時期にあわせた行為であると考えられる。

太陽神の神話による祭りは事実上この「聞く銅鐸」の最後で終るのではないだろうか。以後、「見る銅鐸」は本来の音の意味はしだいに忘れられ、銅鐸の大型化とともに形骸化し、太陽信仰も儀礼化が進む。それはマツリゴトのはじまりを示すひとつの例となるのではないか。寺沢薫のいうところの「マツリからマツリゴトへ」の移行であると考えられる。

寺沢は「マツリ」とカタカナで表現する理由として「形式やその手段の上で整備された「祭祀」や「儀礼」だけではなく、古代人の観念や幻想がそれ自体何らかの共同の行為として時間的、空間的に現れた場合のすべてを広く包括して」マツリという。そして「マツリが、祭儀として整備され、政治と支配権力の欠くべからざる構成要素となったとき、これを〝マツリゴト〟と呼ぼう。私は、後述するように、その変化が弥生時代後期にみられ、マツリゴトの成立が古墳時代の幕開けと考えている」と述べている[72]。

こうして初期王権の成立期と太陽神としてのアマテラスを一元化する動きとが連動していることを述べてきた。それにともなって、銅鐸が祭祀の場から不用となり、埋納された銅鐸は二度と掘り返されることなく、ついには忘れさられた。

おわりに

銅鐸とは何か。いくつかの謎には説得的な答が出たと思うが、なぜ古い段階の「聞く銅鐸」から新しい段階の「見る銅鐸」へ変わったのか、なぜ弥生時代の終末期に終焉を迎えたのか。これらの謎には答を見いだせず、課題として残った。これまでの考察によって銅鐸は「余分で危険な太陽」であるという新たな認識を得た。それゆえ、銅鐸は二度と掘り返されることなく、忘れ去られたのである。

しかし、物としての銅鐸は埋納されて古代史上から消えたが、銅鐸が負っていた意味は民間祭祀にひきつがれて現代まで延々と続いているのである。それは天候不順や旱魃をもたらす危険な太陽をなんとか順調に巡らせて、豊かな稔りを得たいという願いで予祝することであり、また収穫に感謝して祭ることとである。古代史上の一時期、人々の信仰生活、精神活動に少なからず影響を与えたであろう銅鐸は、その形こそ地上から失われたが、民間祭祀のなかに引きつがれたのであり、まったく跡形もなく消滅してしまったのではないのであった。

参考文献

(1) 萩原秀三郎『稲と鳥と太陽の道』(大修館書店、1996年、P46)
(2) 萩原法子『熊野の太陽信仰と三本足の烏』(戎光祥出版、1999年)
(3) 朝倉治彦他『神話伝説辞典』(東京堂出版、1967年)
(4) 高倉洋彰「銅鐸への道」(松本清張編『銅鐸と女王国の時代』日本放送出版協会、1993年、P219)
(5) 小林達雄・春成秀爾・藤本強・田村晃一『日本文化の源流』(学生社、1988年、P99―P102)
(6) 高倉洋彰「銅鐸への道」(4)に同じ、(P224)
(7) (1)に同じ、(P63―P72)
(8) 稲畑耕一郎・岡村秀典・徐朝龍・馬家郁『三星堆中国5000年の謎・驚異の仮面王国』(朝日新聞社、1998年、P94―P104)
(9) 佐原真「銅鐸と武器形祭器」、(4)に同じ、(P49)
(10) 萩原秀三郎『神樹―東アジアの柱立て』(小学館、2001年、P197)
(11) (1)に同じ、(P68)
(12) 白川静『中国の神話』(中公文庫、2009年、P99)
(13) (1)に同じ、(P68)
(14) (12)に同じ、(P98)
(15) 近藤喬一「第5章　東アジアと青銅祭器―農耕儀礼の祭器としての武器と鐸」松本清張編『銅剣・銅鐸・銅矛と出雲王国の時代』(1986年、P164―P168)
(16) 佐原真「出雲荒神谷の弥生青銅祭器―埋納と一括遺物と」(15)に同じ、(P95)
(17) 藤森栄一『銅鐸―日本古代史を解く銅鐸の謎』(学生社、1977年、P103)
(18) 鳥越憲三郎『弥生の王国―北九州古代国家と奴国の王都』(中公新書、1994年、P201)
(19) 島根県教育委員会編『荒神谷遺跡発掘調査概報(2)―銅鐸・銅矛出土地』(1986年、P8)
(20) (1)に同じ、(P93)
(21) 杉原荘介『日本青銅器の研究』(中央公論美術出

版、１９７２年、Ｐ２４３）
(22) (15)に同じ、（Ｐ１２７―Ｐ１３６）
(23) (16)に同じ、（Ｐ１１６）
(24) (15)に同じ、（Ｐ１６２）
(25) 萩原秀三郎『カミの発生―日本文化と信仰』（大和書房、２００８年、Ｐ２０２）
(26) (1)に同じ、（Ｐ１７０―Ｐ１７７）
(27) 石川日出志『シリーズ日本古代史①　農耕社会の成立』（岩波新書、Ｐ１１８）
(28) 谷川健一『青銅の神の足跡』（集英社、１９７９年、Ｐ３０１）
(29) 寺沢薫「弥生人の心を描く」大林太良編『日本の古代13心のなかの宇宙』（中央公論社、１９８７年、Ｐ99）
(30) 水野正好『銅鐸―倭国と鳥栖―その連環に「政治構造」を読む』(4)に同じ、（Ｐ２４３）
(31) (4)に同じ、（Ｐ１３４）
(32) (5)に同じ、（Ｐ１０８）
(33) (30)に同じ、（Ｐ２４４―Ｐ２４５）
(34) 高倉洋彰「銅鐸への道」(4)に同じ、（Ｐ２３６）
(35) (27)に同じ、（Ｐ１１４）
(36) (30)に同じ、（Ｐ２４０）
(37) 黄強『中国の祭祀儀礼と信仰』下巻（第一書房、１９９８年、Ｐ71―Ｐ99）
(38) (1)に同じ、（Ｐ１００）
(39) 田中克彦「北方民族のシャマニズム」、五来重・桜井徳太郎・大島建彦・宮田登編『講座日本の民俗宗教４　巫俗と俗信』（弘文堂、１９８０年、Ｐ１１８）
(40) 崔吉城「韓国における鳥竿」諏訪春雄編『巨木と鳥竿』（２００１年、Ｐ62）
(41) (1)に同じ、（Ｐ58）
(42) 諏訪春雄『日本王権神話と中国南方神話』（角川選書、２００５年）
(43) (25)に同じ、（Ｐ50）
(44) 木村成生『個人誌　散歩の手帖』23号（２０１０年）
(45) (15)に同じ、（Ｐ１５５）
(46) (15)に同じ、（Ｐ１６０）
(47) (15)に同じ、（Ｐ１４７―Ｐ１６０）
(48) (27)に同じ、（Ｐ１１５）

(49) (10)に同じ、(P186)
(50) (29)に同じ。
(51) (1)に同じ、(P92)
(52) (42)に同じ、(P185)
(53) (1)に同じ、(P55)
(54) (42)に同じ、(P112)
(55) (1)に同じ、(P54)
(56) (25)に同じ、(P72)
(57) 佐原真・春成秀爾『出雲の銅鐸―発見から解読へ』(NHKブックス、1997年、P137)
(58) (1)に同じ、(P46)
(59) (12)に同じ、(P111)
(60) 溝口睦子『アマテラスの誕生』(岩波新書、2009年、P115)
(61) (42)に同じ、(P73)
(62) (60)に同じ、(P108)
(63) (25)に同じ、(P69)
(64) (29)に同じ、(P94)
(65) (10)に同じ、(P202)
(66) (60)に同じ、(P121)
(67) (27)に同じ、(P185)
(68) (60)に同じ、(第3章)
(69) (27)に同じ、(P181)
(70) (60)に同じ、(P172)
(71) 29)に同じ、(P106)
(72) (29)に同じ、(P76)

木村　成生(きむら・しげお)
1953年、群馬県生まれ。古書店主。探鳥歴20年。日本鳥学会会員。野鳥観察の記録や野鳥と古代史の関係などをまとめた個人誌『散歩の手帖』の発行を続ける。現住所は東京都福生市志茂113の2。

日本歴史の真実

田辺　好隆

一　不可解な日本歴史

古事記と日本書紀は日本の史書として書かれたものですが、ほとんど同じ時代に、内容もほとんど同じような事が書かれたのであります。無理に別々に書かなくても一つあれば国の歴史としては充分と思うのですが、古事記は日本語を漢字の音訓を使って書きましたし、日本書紀は漢文で書かれています。中国に対し日本語で書いたものでは彼の国の人々には通じませんから漢文で書いたもので、中国を意識していることは間違いありません。

日本書紀には在位年や立太子の年数、崩年等の年数があります。例えば神武天皇の立太子は一五歳、日向出発が四五歳、それから即位まで六年で即位は五一歳、崩年が一二七歳と相当詳しく書いてあります。又在位年と空位間の合計で累積した年数の皇紀年といわれるものも計上されます。しかし古事記の本文にそんなものはなく、各代々の天皇がいたというだけです。

年数（時代）のない歴史等は通常歴史ではなく、浦島太郎も桃太郎の鬼退治も年数がないので歴史には入らないのであって伝説になります。ところが古事記については歴史の本だといわれます。それは日本書紀と古事記の物語の内容が同じですから何故だろうくらいで容認しているのです。

ところで今の古代史観は、本居宣長《もとおりのりなが》が古事記の研究に先鞭を付けたのを皮切りに文法、語意等の研究に移って行き、最近は記紀単独にそれぞれ現代語訳の書物になって、物語の判り易さを優先することにのみ力がそそがれ、そのため史実が明らかになることは一切ないのであります。

第二次世界大戦終結前まで研究禁止でありました日本書紀も、戦後は研究自由になりましたから誰が研究してもよい訳でありますが、神話禁止となり史学会は欠史九代として神武～開化天皇までの歴史は否定されたのです。

現在では一種の権力で否定されたと同様であって、欠史九代の期間を研究する者はほとんどなく、古事記本文の中に年数が無いからか年数を研究したものは見かけません。代りに遺跡調査は盛大でありますが、歴史上の記事と重なることが無く、六世紀以前の歴史は真実が疑われ、日本の紀元元年も不明であります。

古事記の本文に年数がなく、日本書紀の宝算が一〇〇歳の高齢で代々続くことはいくら天皇だからといっても異状です。日本書紀は讖緯《しんい》説で作られているとして、科学的文献比判の結果、欠史九代と決定したという事でありますが、作られた年数だから否定したというだけでその説の一二六〇年の中にある三三名の天皇の崩年数は、どうした手段で讖緯説の年数に取り入れたのでしょう。この年数が実年なれば西暦と同じ年数になって出土品等の年数と同じになる筈ですが、全く違うようです。

欠史九代と否定しても崇神天皇や垂仁天皇の在位年は六八年及び九九年とやはり長いのです。無論、崇神、垂仁の一〇〇歳を超す宝算も又長いのであります。

武内宿祢の生年から計算してその死まで皇紀年では二八〇歳近くなります。宿祢は欠史九代の時代を生きた人ではありませんので、その時代に関係はありません。しかし二八〇歳の年数を生きることはありませんから、実在を信じる人は少ないのです。このようなことでは科学的に否定されたことにならず、長いから切り捨てただけのことです。

日本歴史の不思議さは古事記本文に年数がないこと、日本書紀の年数は讖緯《しんい》説により作られた年数のまゝなのであります。では改めればよい訳でありますが、今まではその方法が解らないからでありました。これからは欠史九代をやめ、国の始めは神武即位から始めることにします。

二　古事記と日本書紀の役割

日本歴史は約一三〇〇年前に編纂されましたが、日本書紀、古事記とも神代から書き始めてあります。両書とも人皇以後は編年体で内容はほとんど同じですが、神の名も人の名も同じではなく少しずつ違っています。しかし同じ国内のことを書いたのですから、同じ人物のことだと思われます。

両書が違うことは古事記の本文には年数がありませんから、日本書紀と年数の比較をすることが出来ません。書紀には年数がありますが、それは明治の初め、讖緯説から作られた年数であるとの那珂通世《なかみちよ》氏の説があります。

内容は大すじで違わないのに、何故ほとんど同じ頃に、しかも二つの歴史本を作ったのでしょうか。それも、一方は天皇紀年で記事を書き、讖緯説を使ってありまして数字を使い漢文で書いてあります。

日本の歴史編纂は天武天皇の詔《みことのり》により始まります。ただちに古事記は舎人《とねり》稗田阿礼《ひえだのあれ》がそらんじていた帝記・旧辞を、勲五等の太安万侶《おおのやすまろ》が聞き、文書にします。日本書紀は川島皇子《かわしまのみこ》以下一二名の皇子、高官で編纂したとあります。

日本書紀は何時から書き始めたとの記事はなく、何を根拠に書き始めたとの記事もありませんが、天武天皇の詔により天武紀一〇年に始めたもので、日本書紀には序がなく、巻第一の「神代上」から始まります。これは歴史編纂事業の一環として古事記が先ず日本語を書き取ることで始め、日本書紀は古事記を見て漢文に書き改めたのでしょう。

天武一〇年、西暦六八一年、安万侶は阿礼が日本語で覚えた帝記・旧辞を漢字の音と訓を使って古事記に書きました。魏《ぎ》朝に上表文を送るくらいなので、ある程度何らかの方法で帝記も記紀の前に記録していたでしょう。

持統五年、西暦六九一年、大三輪氏外一八氏に各先祖の墓記を上進させます。この墓記の上進は何を意味するものか考えて見ますと、古事記が編纂に取りかかってより一〇年を経過します。一〇年もあれば神武から推古天皇までの歴史なれば、現在の古事記を見ましても書き終えたことがわかります。そこで古事記は一二名の皇子、高官達の手に渡りました。

日本書紀を見まして判るように、明らかに中国を意識していますし、初めて長文で、しかも漢文で書くのでありますから、日本語で語るものを直接漢字、漢文で書くのはむつかしく、国内の記録は古事記で行い、漢文で書く日本書紀は日本の帝記・旧辞を中国風の書き方に組み入れなくてはなりません。それで一二名の皇子、高官は中国から来た漢書、後漢書、魏志倭人伝を読み、中国史や歴史の書方等の研究をして歴史編纂の一環としての出番を待っていたことになります。即ち古事記は日本書紀を書く為の資料でありました。だから二書は同じような時期に少し時代をずらし、同じような内容なので偽書ではありません。

受け取りました古事記を見て日本書紀の編者は、卑弥呼の件がないのに気が付きます。内容も至って乏しく全体が現古事記の九代までのようですから、これでは資料不足と考え、その充実のために大三輪氏外《ほか》一八氏に墓記の上進を命じたのです。

日本書紀では干支を入れて神功紀に書きましたが、卑弥呼の件はなくてはならない事で、外国に日本の事が書いてあるのに本家本元にないでは済まされないのです。そこで思い当たるような場所に物語で作ることを決めたのです。

入って来る中国図書に暦法の本があり、その中で讖緯《しんい》説の辛酉《しんゆう》は改革の年で、推古九年は聖徳太子の改革が行われた年であり、その辛酉より二一回前の辛酉は大改革が行われた年として、そこを神武天皇即位の年と定め、古事記欄外の崩年注記を一二六〇年に割り当て歴史年数を作ったのであります。つまり、古事記を基本とし日本書紀は年数から作られているのです。

三　皇紀年を作った方法

現在、古代史といえば記紀二書は別々に書かれたものであると、誤って伝えられて現代語訳でも別々に書かれたものとし、全く関係がないように考えられていますが、これは誤りで、古事記は阿礼が語る日本語の帝記・旧辞を漢字の音、訓を使いながら記録したものです。だから古事記は日本歴史の基本であって、日本書紀が最終目的の日本歴史として書かれたものです。

しかし古事記の序では「偽《いつわ》りを削り、実《まこと》を定め」とありながら年数の延長を図り、作文、潤色を行いましたので、日本書紀そのままでは日本古代の事実ではありません。

頼山陽《らいさんよう》の日本外史《にほんがいし》や、講談師の語る講談では最初から話題の初めに年数を持ち出します。それは決まって時代を示したいからですが、普通皇紀何年とは言わず天皇の何年からで始まります。中国でも皇帝在位中の年号で話を始めますように、日本でも天皇在位中の年号を使いました。日本書紀でも天皇紀年の年数で書いてあります。それが古事記にはないのです。

旧事紀、国造本紀等では応神天皇の時代を「軽島豊明朝御世《かるしまのとよあきらちょうのみよ》」等のように、宮都に定めた宮殿名で年代を表していますが、古事記に倣《なら》ったものでしょう。

古事記は上宮紀とは違い日本始めての歴史が書かれていて、それに年数が無くてはただの物語で、漢文で書かれた日本書紀にも編年体の文章に年数が書かれ天皇崩年もあります。古事記にないのに日本書紀の編者達はどうして日本書紀の中に多くの数字を書き込むことが出来たのでしょうか。日本書紀の編者は日本国内の事は知らないはずです。

現日本書紀の神武即位から各天皇の在位年を書き出し、空位の年を加えますと、推古九年まで一二六〇年になります。古事記の真福寺本から崇神〜推古までの欄外に注記して、崩年が干支であるのを書き出し、推古九年の辛酉から上《かみ》に干支《かんし》を西暦に換えて年数とし、崇神崩は西暦三一八年になります。これが第1表で、両暦に天皇の崩年がある天皇間の差を計算し、更に差の紀／記を新しく計算しますと、各天皇間はそれぞれ比によって延ばされていることが判ります。

第1表の数字から次ページの図を作りますと、一二六〇年の日本書紀は真二つに別けて崇神崩とし、西暦の崇神崩から推古九年まで二八三年間を六三〇年に割り当ててあります。第1図からも西暦（古事記）から皇紀年の数字に延ばしてあることが判ります。これは又、古事記が先に書かれ日本書紀が後に作られたことなのです。でも崇神から神武まで皇紀年の同じ六三〇年はありますが、対応する西暦の年数は何処にもないのです。

第1表　古事記・日本書紀の天皇崩年表（記紀の現状）

	天皇	崩年			差		崩年		差	紀差／記差
		干支	皇紀年	紀年			干支	西暦		
日本書紀	初代神武	即位辛酉		前660		古事記				
		丙子	76	前585						
	2代綏靖	壬子	112	前549						
	3代安寧	庚寅	150	前511						
	4代懿徳	甲子	184	前477						
	5代孝昭	戊子	268	前393	630				?X	倍率 X
	6代孝安	庚午	370	前291						
	7代孝霊	丙戌	446	前215						
	8代孝元	癸未	503	前158						
	9代開化	癸未	563	前98						
	10代崇神	辛卯	631	前30			戊寅2月	318		
	11代垂仁	庚午	730	70	219				37	5.92
	12代景行	庚午	790	130			不思議			
	13代成務	庚午	850	190	10		乙卯3月3日15日	355	7	1.43
	14代仲哀	庚辰	860	200	110		壬戌6月11日	362	32	3.44
	15代応神	庚午	970	310	89		甲午9月9日	394	33	2.70
	16代仁徳	己亥	1059	399	6		丁卯8月15日	427	5	1.20
	17代履中	乙巳	1065	405	5		壬申正月3日	432	5	1.00
	18代反正	庚戌	1070	410	43		丁丑7月	437	17	2.53
	19代允恭	癸巳	1113	453			甲午正月15日	454		
	20代安康	丙申	1116	456	26				35	0.74
	21代雄略	乙未	1139	479			乙巳8月9日	489		
	22代清寧	甲子	1144	484						
	23代顕宗	丁卯	1147	487	55				45	1.22
	24代仁賢	戊寅	1158	498						
	25代武烈	丙戌	1166	506						
	26代継体	甲寅	1194	534			甲寅4月9日	534		
	27代安閑	乙卯	1195	535			乙卯3月13日	535		
	28代宣化	己未	1199	539						
	29代欽明	辛卯	1231	571	67				67	1.00
	30代敏達	乙巳	1245	585			乙巳4月6日	585		
	31代用明	丁未	1247	587			丁未4月15日	587		
	32代崇峻	壬子	1252	592			壬子11月13日	592		
	33代推古	辛酉	1261	601			9年の年辛酉 戊子3月15日	601 628		

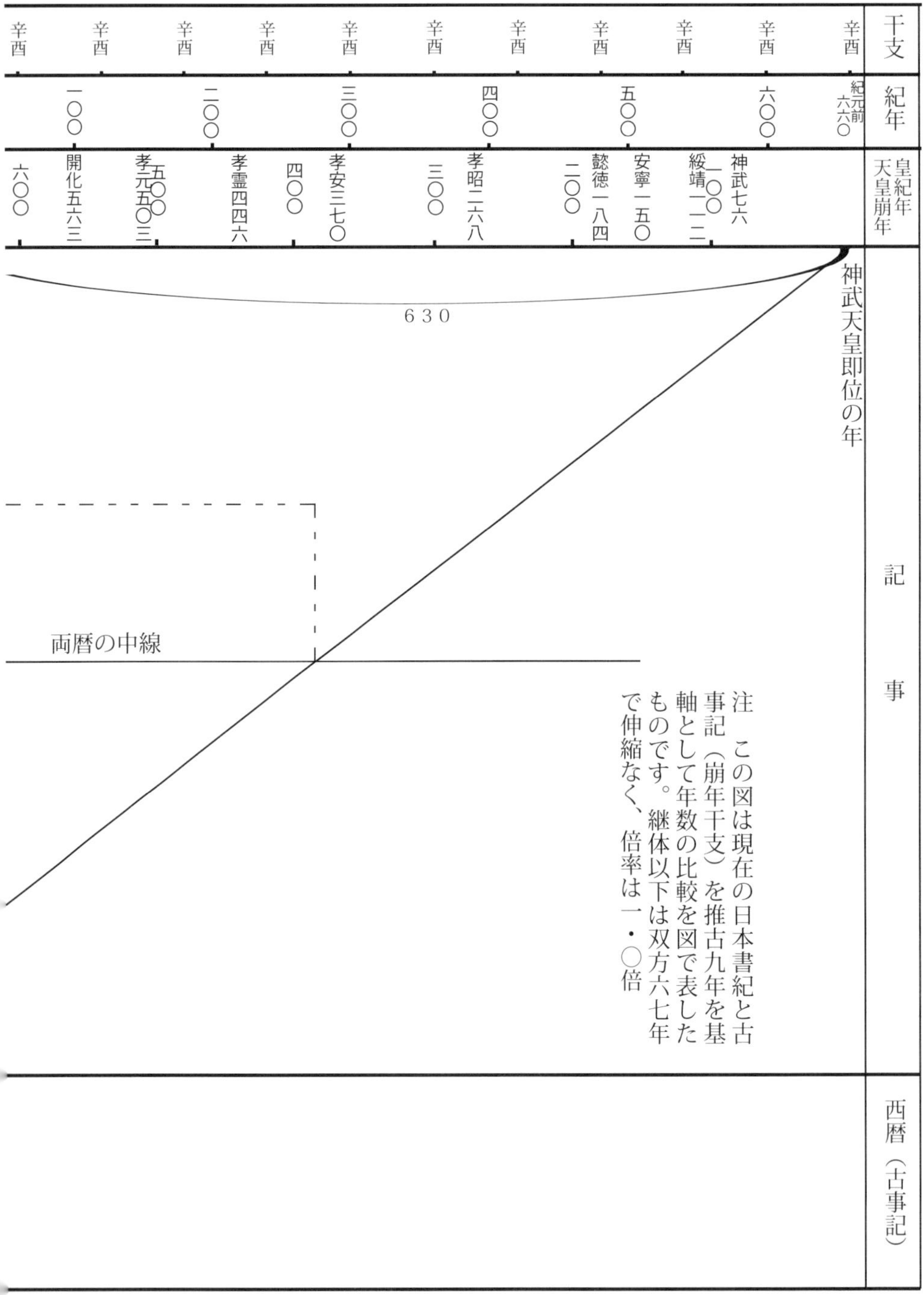

注　この図は現在の日本書紀と古事記（崩年干支）を推古九年を基軸として年数の比較を図で表したものです。継体以下は双方六七年で伸縮なく、倍率は一・〇倍

第１図　皇紀年と西暦の関係図（第１表より作成）

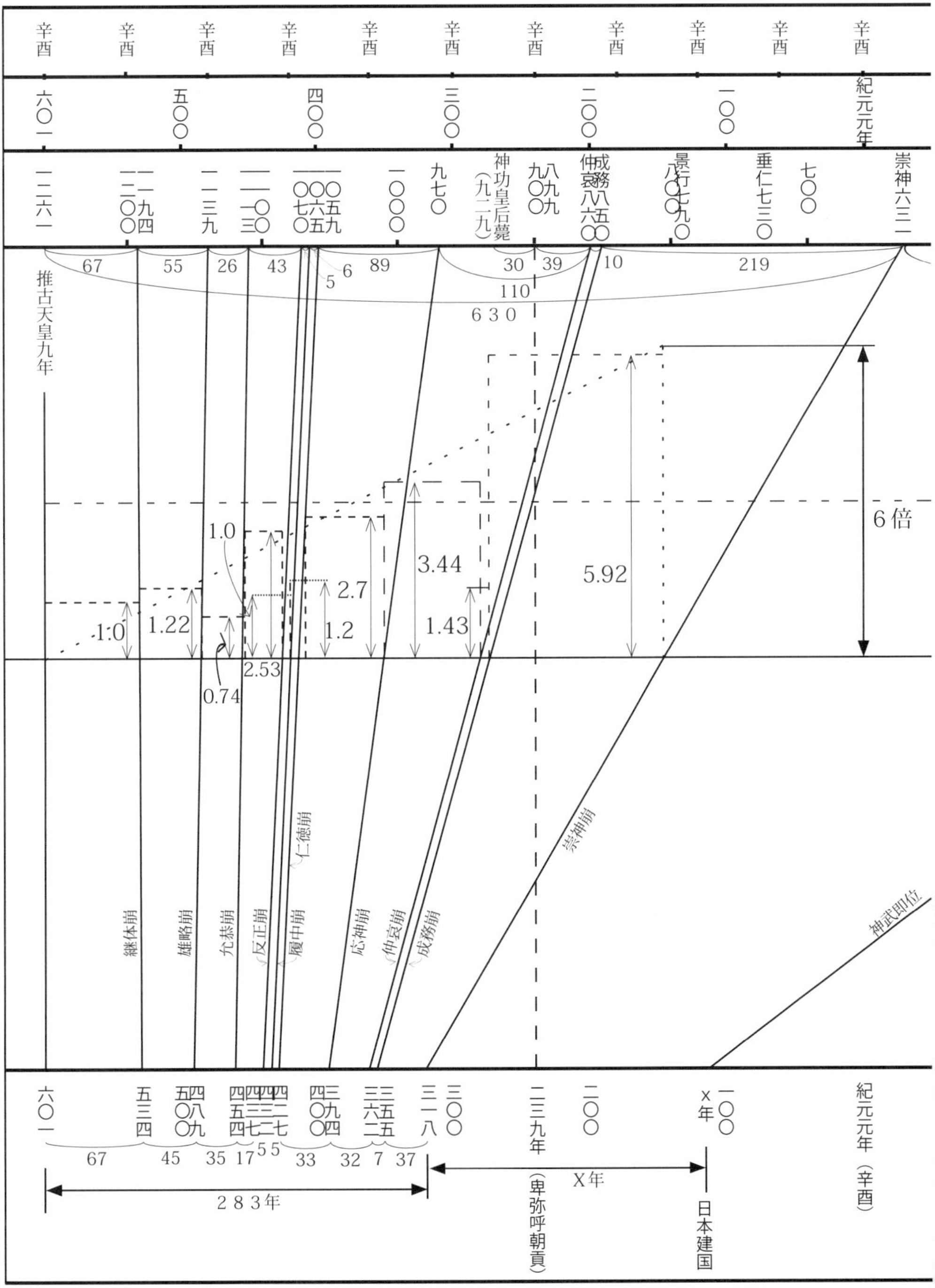
辛酉
六〇一
五〇〇
四〇〇
三〇〇
二〇〇
一〇〇
紀元元年
一二六一
一二二〇
一一九四
一一三九
一一三〇
一一一〇
一〇七〇
一〇六五
一〇五九
一〇〇〇
九七〇
神功皇后薨（九二九）
九八九
九〇九
仲哀八六〇
成務八五〇
景行八〇九
垂仁七三〇
七〇〇
崇神六三二
推古天皇九年
67
55
26
43
5
6
89
30
39
10
219
110
630
6倍
1.0
1.22
0.74
2.53
1.2
2.7
3.44
1.43
5.92
継体崩
雄略崩
允恭崩
反正崩
履中崩
仁徳崩
応神崩
仲哀崩
成務崩
崇神崩
神武即位
六〇一
五三四
五〇九
四八九
四五四
四三七
四三二
四二七
四〇四
三九二
三六二
三五五
三一八
三〇〇
二三九年
二〇〇
X年
一〇〇
紀元元年（辛酉）
67
45
35
17
5
5
33
32
7
37
283年
X年
（卑弥呼朝貢）
日本建国

古事記が先に書かれたのですから、古事記の西暦年数か干支が無くては日本書紀の年数が六三〇年になる訳はないのですが、その干支もなく古事記は柏原《かしはら》の宮に即位したとだけです。歴史編纂の究極の目的は宮廷内の皇子や高官を動員し日本書紀を作ることであって、古事記は日本歴史の事実を書き、新しく日本書紀にするための資料ですから、この数字が存続しては日本書紀が成立しません。よって日本書紀完成の後、古事記にありました干支は消されたのです。

成務崩～崇神崩は五・九二倍に延ばされていて約六倍です。継体崩以下は紀年も西暦も年数間隔は同じですから倍率は一・〇です。（第1表の倍率参照）

第1図で両暦の間の中線と天皇崩年線の交点から垂線を立て、その点より任意の尺度で倍率を取り、各天皇間を連続させますと倍率グラフが出来ます。別に崇神崩の垂線に六倍を取り、推古九年の〇点を結びますと直角三角形が出来ます。その面積はグラフ面積とほぼ同じですが、事実はグラフの方が大きい面積になっています。しかしグラフは三角形の斜辺にそって段状になります。

推古九年から急に三倍にすれば作られていることは直ぐ判りますので、継体崩から漸増型式で延ばすこととして、崇神崩から成務崩は六倍近い倍率としたのです。これは幾何学の応用と思われますが、当時、三角形の面積は底辺×高さの1／2を知っていたのでしょう。

このようなことから、崇神～成務間の六倍近い倍率は三角形の平均高さから考え付いたものだと推理できます。当時は、漸増型の倍率は手さぐり状態で行われたもので、垂仁、景行、成務、仲哀、応神各天皇の崩年（皇紀年）は一〇年単位で決められています。これが日本書紀の作られた方法です。

しかし倍率は目的ではなく手段であり、割当数字の合計が六三〇年に納まればそれでよいのであって、允恭～雄略間では調整したものか、六三〇年になるようにこの間延ばすどころか縮めてあります。十進法で年数が決められたが、結果は倍率で決めた事になります。

この計画は日本書紀書き始めに作られたものですが、計画時に端数の付く倍率等は普通使いません。計画時、崇神前が平均三倍に、崇神後は古事記の欄外崩年干支注記の通り割り当てられ、計算してみると漸増型の倍率配置になっていたのであります。このように日本書紀編纂の時に出来たものでありましたが、日本書紀から古事記の年数にする時は逆数で使いますから、倍率を修正してはいけません。

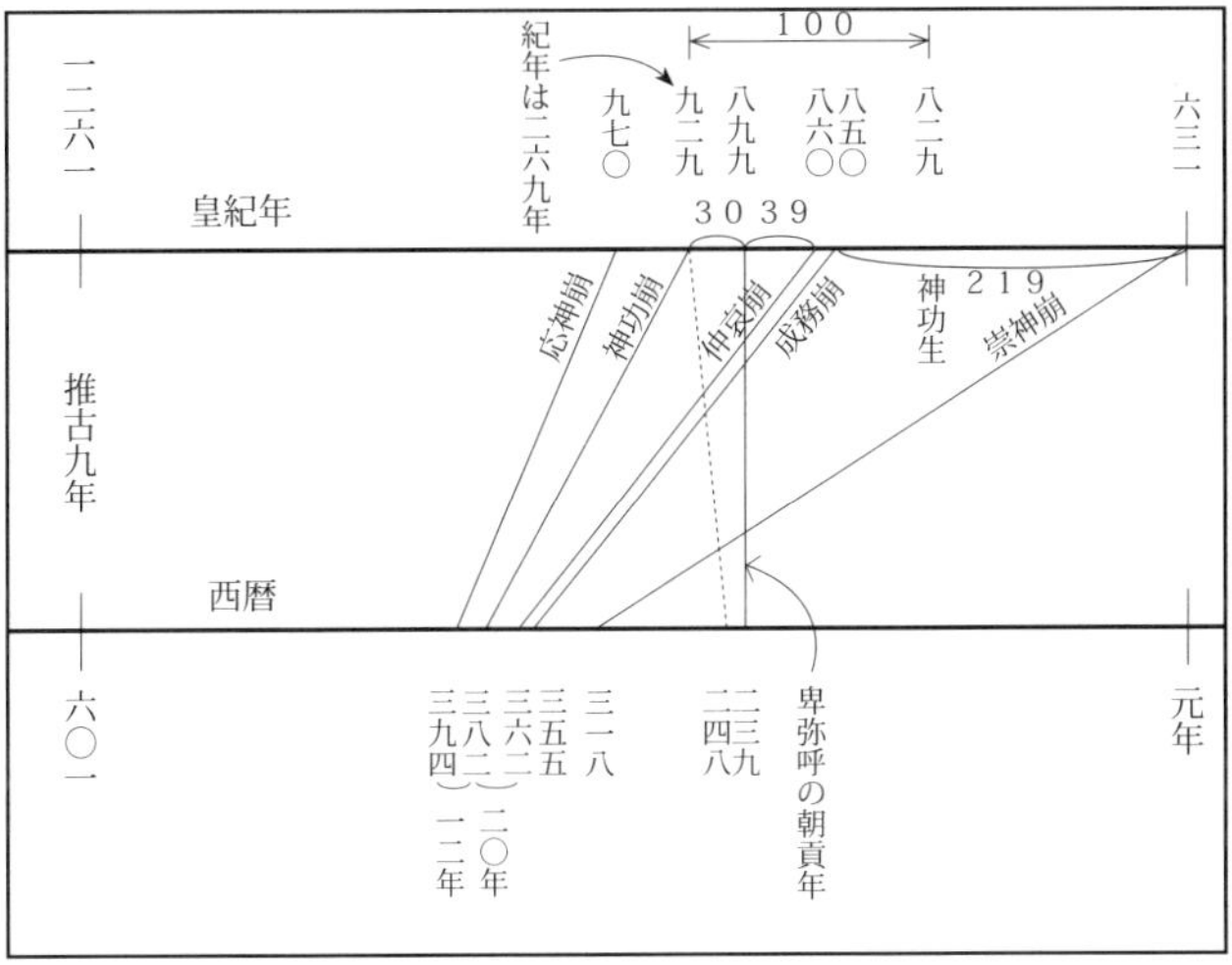

第２図　神功皇后の在位時代

神武即位から崇神崩までの六三〇年間は三倍にしてありますから、１／３を乗じ図にある古事記のＸ間が二一〇年で、崇神崩年が三一八年、そしてその二一〇年前は神武即位で西暦一〇八年です。神武天皇柏梼原の宮に即位とあったのは西暦一〇八年であったのです。干支では戊申の歳ということです。これで日本紀元が判ります。

話変わって、先に神功紀に思い当たる場所と書きまし

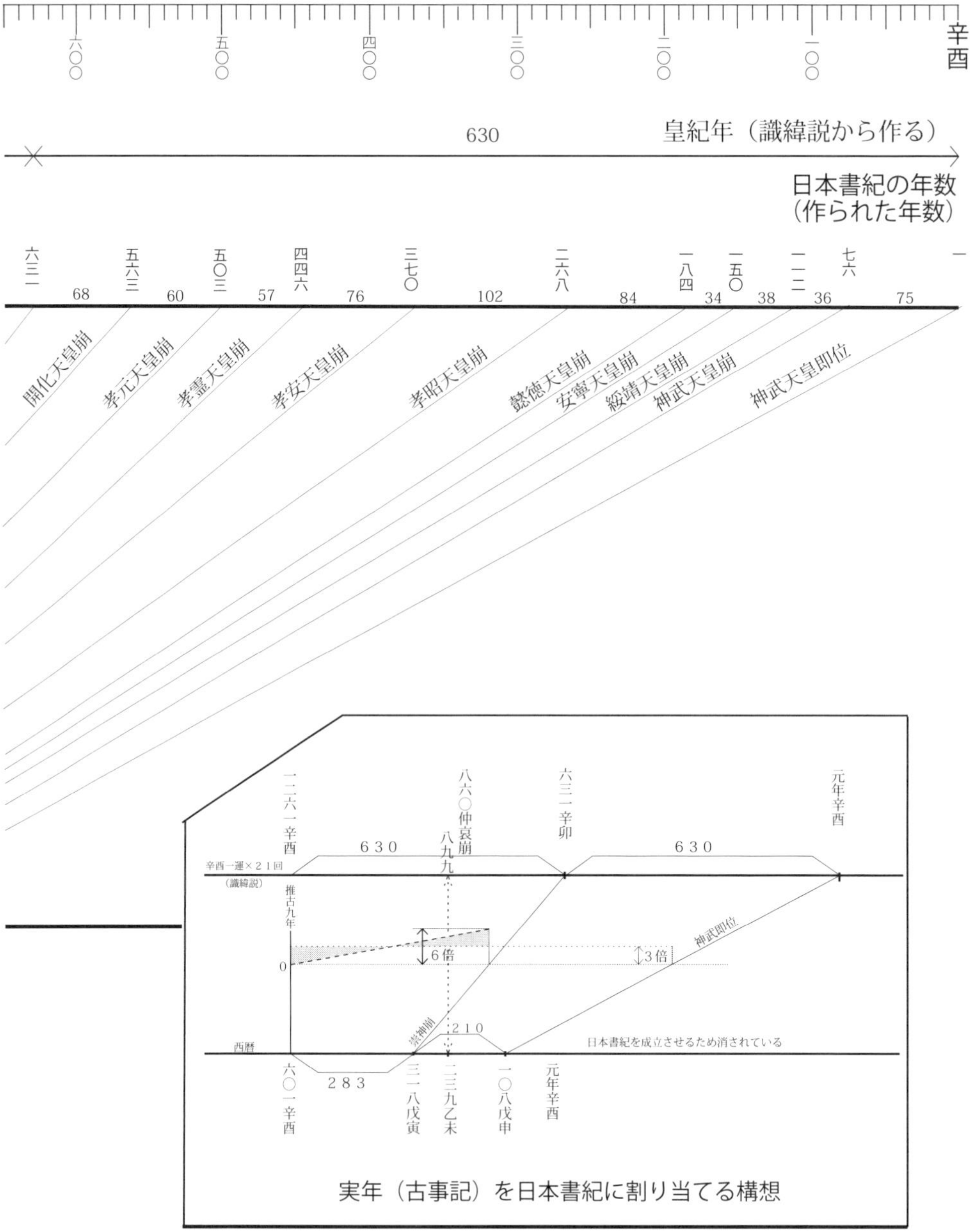

辛酉
六〇〇
五〇〇
四〇〇
三〇〇
二〇〇
一〇〇
630
皇紀年（讖緯説から作る）
日本書紀の年数
(作られた年数)
六三一
五六三
五〇三
四四六
三七〇
二六八
一八四
一五〇
一一二
七六
一
68
60
57
76
102
84
34
38
36
75
開化天皇崩
孝元天皇崩
孝霊天皇崩
孝安天皇崩
孝昭天皇崩
懿徳天皇崩
安寧天皇崩
綏靖天皇崩
神武天皇崩
神武天皇即位
一二六一辛酉
八六〇仲哀崩
六三一辛卯
元年辛酉
6 3 0
6 3 0
八九九
辛酉一運×21回
（讖緯説）
推古九年
0
6倍
3倍
神武即位
崇神崩
2 1 0
西暦
日本書紀を成立させるため消されている
2 8 3
六〇一辛酉
三一八戊寅
二三九乙未
一〇八戊申
元年辛酉

実年（古事記）を日本書紀に割り当てる構想

第３図　日本書紀と古事記の年数関係図（全天皇の崩年を西暦にしたもの）

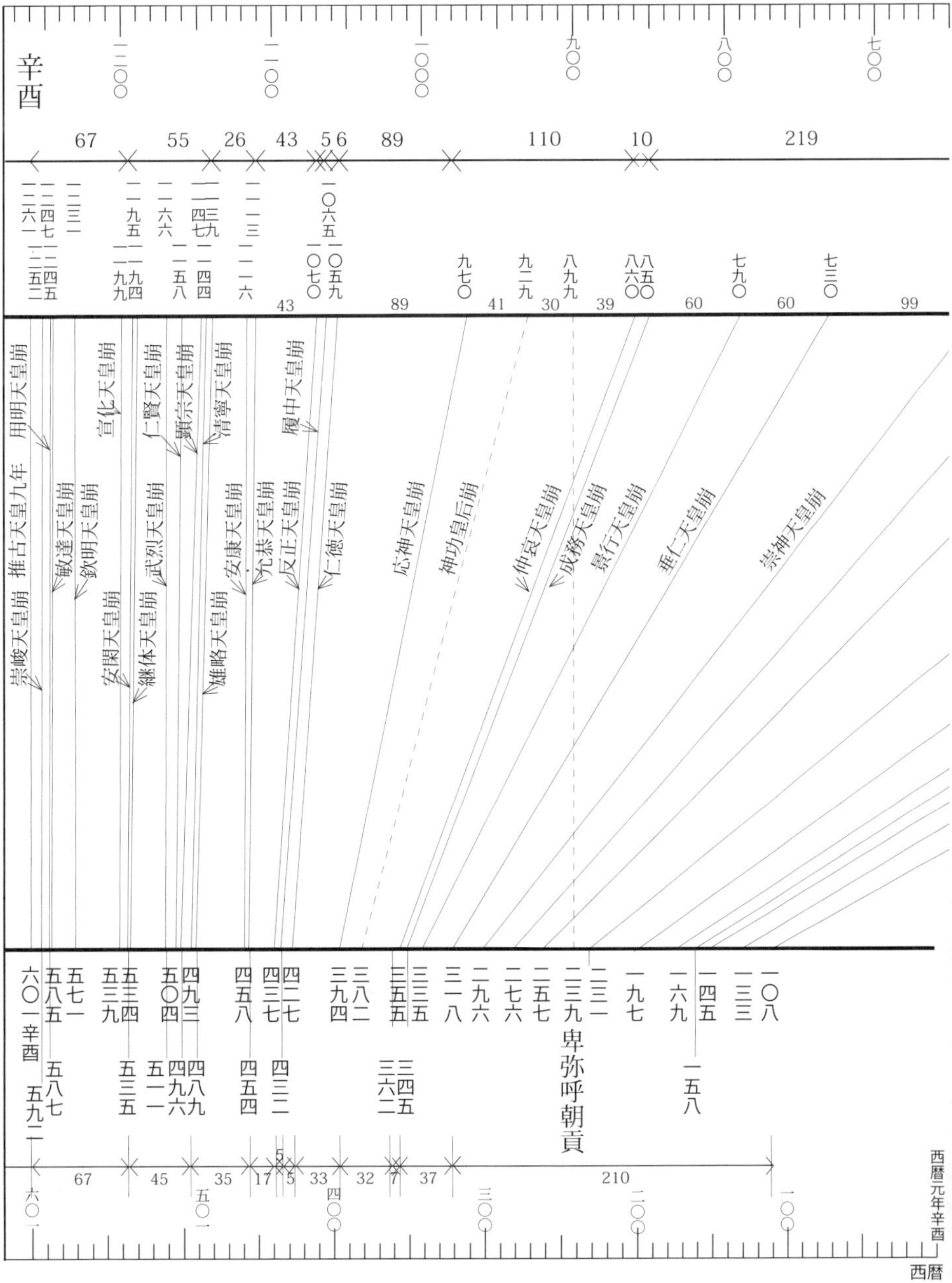

たのは、卑弥呼を日本歴史に登場させる場所であって、卑弥呼の朝貢が西暦二三九年でありましたから、その存在はその年の前後に在るようにしなくてはなりません。

その頃成務天皇が若くして崩《かむさり》ます。皇妃なく皇子もなく、皇統は絶えることになります。この時を皇紀年では八五〇年にしています。以下図で説明しますと、西暦二三九年（卑弥呼朝貢の年）に垂線を立てますと、皇紀年では八九九年になります。神功薨《じんぐう》年はそれより三〇年おくらせてあり、紀年の三〇年は実年で九年になります。これを西暦二三九年に加えますと西暦二四八年になります。帯方大守の使者張政《ちょうせい》の帰国年数ギリギリの年数となっています。神功皇后の摂政《せっしょう》期間は実年の二〇年、応神天皇の在位年は一二年に縮められたのであります。

皇紀年の成務崩以後は仲哀、神功の時代に作られたものであって、事実は応神天皇の時代で、科学的に考えますとそれは明らかとなります。しかも作られた事でも計算は正確に行われているのです。

四　作られた歴史の真実

古事記に神武天皇即位の年が無いのは、日本書紀が完成後にその数字があっては困るから消したのであって、元々この戊申が無ければ日本書紀の延長等出来る相談ではありません。神武即位の西暦一〇八年があって、神武即位～崇神崩の実年が二一〇年であったものを、三倍の六三〇年として崇神崩年を六三一年にしたのです。一二六〇年が二等分された状態で、崇神前は平均三倍に割り当てられ、崇神以後は古事記欄外の天皇崩年干支注記の年数に割り当てられ、日本書紀が完成されたのであります。

計画は左図の構想から出発したのですが、目的は日本書紀の成立でありましたので西暦の戊申があっては妨げとなりました。よって古事記は廃棄される運命にありました。

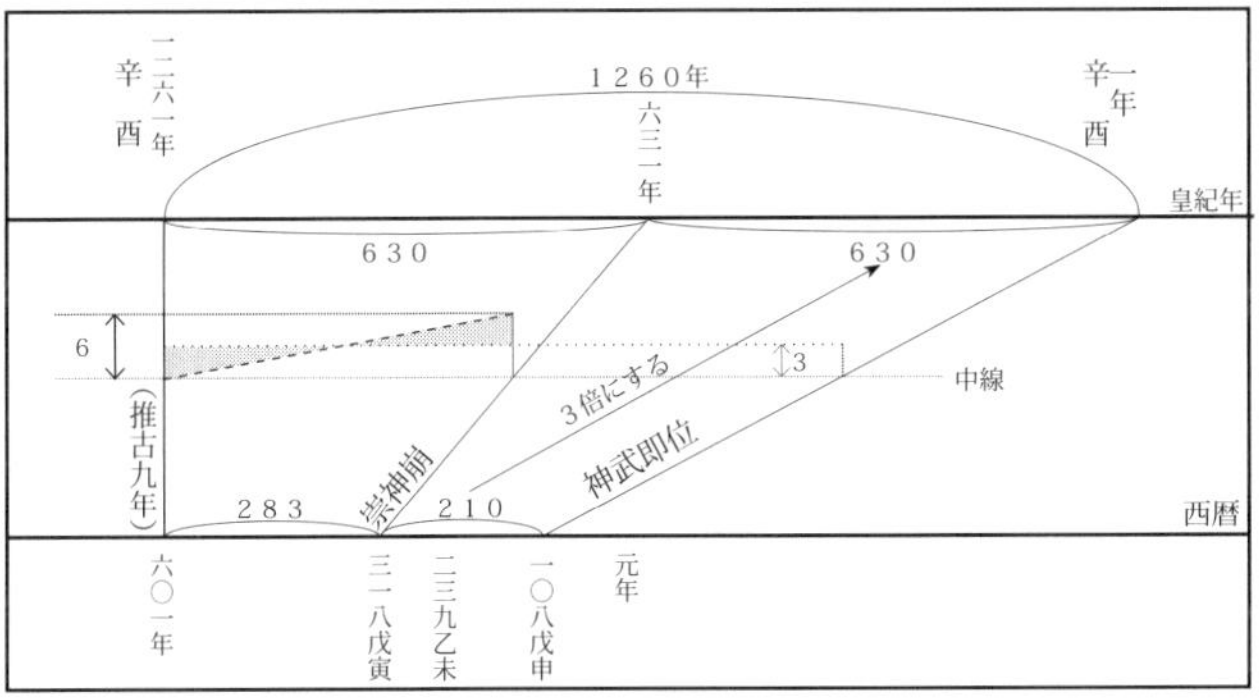

第4図　日本書紀延長計画

しかし考えてみますと、古事記は日本語で日本国内の帝記・旧辞を書いたもので、何一つ修正したり誇張したものはありませんが、朝廷では正式な歴史とは考えません。それが故に官位も高くない太安万侶が古事を記す役目に廻されたのであって、古事記そのものは資料の扱いだったのです。「然れども、運《とき》移り世異《かわ》りて、未だ其の事を行なひたまはざりき」とあって、天武天皇が亡くなられ元明天皇の時代になるまで、天皇からの撰録の御沙汰はなかったとあります。

序は行を変えて、「伏して惟《おも》ふに」と元明天皇の徳をたたえ、聡明《そうめい》な天皇が古事記の記す真実性を惜しまれ、「焉《ここ》に旧辞の誤《あやま》り忤《たが》へるを惜しみ、先紀の謬《あやま》り錯《まじ》れるを正さむとして」安万侶に命じられて撰録し献上したとあります。

実状は古事記を下書きとし、年数は倍率を使って延ばしてあったのですが、序に於いて、如何に何でもそのようには書けません。

貴重な資料の古事記でありますから残さないと真実は闇になりますので、古事記内の神武即位の実年はもとより総ての実年を消し、天皇外の実年は残したようです。その上で日本書紀が作文した事も日本語に改めて記事として古事記に取り込み、日本書紀の方も古事記から廃した記事も「一《ある》に曰《い》はく」として漢文で書き入れ、互いに内容を変えないようにしたのです。だから古事記の内容も初めよりずい分変わっているのです。

日本書紀は作文し、年数の延長もしましたが、日本歴史の真実を残そうとして少しずつそのとっかかりを残していました。古事記（真福寺本）の欄外崩年干支注記は、その例の一つです。真実は古事記に多いのであります。

日本書紀は養老四年に完成し、その養老年間から度々講ぜられた記録がありますのに、古事記は一度も講演が開かれていないのは、当時の人が日本歴史の本命が日本書紀であることを知っていたからで、作文多い事は話題豊富、一般受けしたものでしょう。現在でも歴史物語は好まれても研究書は敬遠されることと同じです。

しかし古事記には意地でもゆずらない処もあり、日本書紀で余りに宝算が長いので木花《このはな》佐《さ》久夜《くや》毗《ひ》売《め》の物語に、「天皇たちの御命は長くましまさざるなり」のように書かれたり、「雄略天皇の御陵を破らしむ」の顕宗記では、「既にかく恥《はじ》みせまつりぬれば後の世に示すに足りなむ」とあり、それが何を意味するか、高鷲原《たかわしはら》の御陵が円墳と台型墳に別れている事で判ることと思います。

又、応神紀一三年の終わりに「一《ある》に曰《い》はく」として「諸県君牛《もろかたきみのうし》なり。是《これ》、年耆《お》いて致仕《まかりさ》るといへども朝《みかど》を忘ること得ず…」、応神天皇の「幼年時代仕えていた天皇を忘れることが出来ないのでやって来ました」とあって豊国別皇子《とよくにわけのみこ》が応神天皇であることが判り、応神天皇が仲哀、神功の子ではなく、実在が明らかです。神格化からの脱却でもあります。応神天皇も人なのです。

応神記では「軽島《かるしま》の明《あきら》の宮に坐《いま》しまして天《あめ》の下《した》を治《しろ》しめす」と云い、日本書紀では「明《あきら》の宮に崩《かむあが》ります」なので、一生を明の宮で送られたことになります。

「続紀」「古語拾遺」等の古書では豊明宮《とよあきらのみや》と呼び、宮名の上に付く字は地名を云うことが多く、豊《とよ》は豊《とよ》国で、豊前、豊後に別けられる前の名で、豊国別皇子は応神天皇であり、九州で朝鮮半島に関する交渉に努力されていたのであります。

又、八幡社の祭神は応神天皇で、その本元は大分県の宇佐《うさ》神宮であります。他誌によれば神宮は大きい古墳の上に建つと云います。

他に建てる土地もあるのに、わざわざ他人の墓の上に建てることはしません。奈良県の和爾下神社古墳の後円部上にも和爾下神社があり、四世紀の前期古墳であるといいます。宇佐神宮の下に古墳があるとするなれば誰のものでしょうか。歴史上の人物なれば新しい歴史年数の西暦から判ることです。

第2表　上代の年表（西暦）

前一〇〇　元年　一〇〇　二〇〇　三〇〇

前一〇八—楽浪海中倭人有り別れて百余国と為す（統一されていない）

五七—奴国王光武帝に朝貢　三〇ばかりの国有り（統一されていない）

一〇七—倭国王、帥升等一六〇人の奴隷を献じ朝貢

一〇八—倭には男王がいた　日本建国の年

一四七—倭の大乱始まる

一八八—卑弥呼女王となり大乱終わる

大乱４１年

８０年

二三九—難升米を魏に派遣（魏は朝貢使から倭の実状を記録する）

二六五

晋の武帝の時代

二九〇

三国志は此の頃書かれた

二九七—陳寿の死

三一八—崇神崩

２１０年

１０８年から男王である　　１０７年まで王はいない

五　日本紀元を中国史から見ても西暦一〇八年

以上で日本紀元が判ると共に上代の歴史年数を西暦に換算することが出来ます。日本の史書と言われます記紀二書から真実の年数が判明したのですから、無理に外国史書を頼らなくても不都合なことはありませんが、念には念を入れて中国史からも考えてみることにします。

魏志倭人伝や後漢書等からみますと、倭では大乱があって桓霊《かんれい》の間（西暦一四七年〜一八八年）、四一年も戦ったというのですから、応仁の大乱と共に日本人は苦難に辛抱する民族です。戦乱が止《や》まないから国々の有志が集まり、霊能者卑弥呼《ひみこ》という女性を王としたところやっと戦は止みました。しかし倭国には元々七、八〇年程前には男王がいたと云うのです。その年は西暦の一〇八年か一一八年ですから、西暦一〇八年には倭国は男王であったのです。

また中国の古文書で倭国の事が記録されているものを見ますと、紀元前一〇八年頃に前漢の武帝の時、倭は一〇〇余の国に別れていたといい、紀元五七年、後漢の光武帝に朝貢し金印を下賜された時には三〇ばかりの国があったと云います。又一〇七年には倭国王帥升《すいしょう》等が一六〇人の奴隷を献上したと云うことですが複数の王のようで、西暦一〇八年の日本歴史の王とは違うようです。何れにしても日本書紀の神武天皇が紀元前六六〇年に即位したのは事実ではないのですから、西暦一〇八年が日本の史書の計算から現れたものを、中国史書が西暦一〇八年が正当であると証明したことになるのであります。

魏志倭人伝に「その国本亦《もとまた》男子をもって王と為し、住まること七、八〇年……」とありますのは、倭人伝を書いた陳寿《ちんじゅ》であります。彼の生まれは三世紀の前半頃、ちょうど卑弥呼の使者が朝貢した頃に生まれ、朝貢使が魏朝で話した記録から倭人伝に書いたもので、相当詳しく書いてあり、当時の倭の状況がよく判ります。もっともなことで、中国人が記録していた日本国内の情報源は卑弥呼の朝貢使だったのです。

西暦で読まれる日本書紀では、世界に通じる訳ですから、合理的な記事に正すことにより真の日本歴史になるでしょう。

六　天皇崩年表及び紀年・西暦・干支対照表

日本の歴史は古事記と日本書紀から作られていて、その建国年は西暦一〇八年でありました。当時の中国思想をそのまま取り入れたので必要のないこと（讖緯説《しんい》）まで取り入れたのであります。その結果は中国史の年表から考えても、西暦一〇七年に倭王というものはなく、一〇八年が日本紀元であることも証明されますし、日本書紀の紀元前六六〇年が神武即位でないことも明らかで、又、卑弥呼の朝貢の記事からも明らかで、日本の始まりは西暦一〇八年であることが史上に確定します。

日本書紀は倍率で作られた年数で時代を表しますから、元に戻すには倍率で割ることで実年になります。神武〜崇神は三倍に延ばしましたから、一〇代までは皇紀年の崩年より一年を引き、残りを三で割り西暦一〇八年に加えることにより西暦による崩年となります。

崇神崩以後は倍率グループの天皇間の皇紀年差をその倍率で割り、前グループの最後の天皇崩年に加えて西暦の崩年とします。崇神天皇以後は古事記の欄外注記の干支の年数と同じであります。詳しくは計算表にあります。

継体天皇の崩年は紀で「一《ある》に曰《い》はく」の細字が正しく二八年歳次のものを使用します。継体崩と安閑即位は即日譲位ですから、甲寅が正しく、三国史記の風評によって二五年歳次辛亥《しんがい》が使用されましたが、科学的には安閑天皇に二年の空位はありません。

日本の歴史物語の本では皇紀何年と始めから年数で書き始めることをしませんので西暦で読み始

める歴史はなじめないかもわかりません。日本人に最も判り易い方法は天皇の御名を時代にして伝えるように、軽島の豊明朝の御世とすれば大変文芸的であり、日本人の好みに合うことで、日本人はこの習慣に慣れ親しんで来ましたから、数字のある書物は余り好まれません。

しかし日本歴史を科学的に究明するには、どうしても数字がなくては説明できませんので、天皇代々の崩年を実年で書いておきますと、崩年間の年数はその間の治世としてその天皇の時代になります。

天皇崩年表（西暦）ができますと神武天皇即位から推古天皇までの連続する皇統の年表もできて、天皇紀年と西暦の年数を図にならべてその違いを見ることもできますが、紀年に対する西暦の数字で見る方が図式より簡単に正確に見分けることができますので、紀年、西暦、干支対照表を作っておきます。

日本書紀の天皇紀年から西暦を見て記事を読みます。金石文の干支は実年の干支ですから西暦年であり、三国史記も干支は西暦です。

第３表　日本書紀の天皇崩年を西暦に換える計算表

天皇	天皇崩年（皇紀年）	記で崩年干支のある天皇間年数	記と紀の倍率	紀の天皇崩年間年数	紀の崩年間年数／倍率		記の崩年干支の年数	天皇崩年（西暦）
初代　神武	即位　１年 ７６			７５	２５	２５	１０８	１３３
２代　綏靖	１１２			１１１	１２	３７		１４５
３代　安寧	１５０			１４９	１３	５０		１５８
４代　懿徳	１８４			１８３	１１	６１		１６９
５代　孝昭	２６８			２６７	２８	８９		１９７
６代　孝安	３７０	６３０	３.０	３６９	３４	１２３		２３１
７代　孝霊	４４６			４４５	２６	１４９		２５７
８代　孝元	５０３			５０２	１９	１６８		２７６
９代　開化	５６３			５６２	２０	１８８		２９６
１０代　崇神	６３１			６３０	２２	２１０	３１８	３１８
１１代　垂仁	７３０	２１９		９９	１７	１７		３３５
１２代　景行	７９０		５.９２	１５９	１０	２７		３４５
１３代　成務	８５０			２１９	１０	３７	３５５	３５５
１４代　仲哀	８６０	１０	１.４３	１０	７	７	３６２	３６２
１５代　応神	９７０	１１０	３.４４	１１０	３２	３２	３９４	３９４
１６代　仁徳	１０５９	８９	２.７０	８９	３３	３３	４２７	４２７
１７代　履中	１０６５	６	１.２０	６	５	５	４３２	４３２
１８代　反正	１０７０	５	１.００	５	５	５	４３７	４３７
１９代　允恭	１１１３	４３	２.５３	４３	１７	１７	４５４	４５４
２０代　安康	１１１６	２６	０.７４	３	４	４		４５８
２１代　雄略	１１３９			２６	３１	３５	４８９	４８９
２２代　清寧	１１４４			５	４	４		４９３
２３代　顕宗	１１４７			８	２	６		４９５
２４代　仁賢	１１５８	５５	１.２２	１９	９	１５		５０４
２５代　武烈	１１６６			２７	７	２２		５１１
２６代　継体	１１９４			５５	２３	４５	５３４	５３４
２７代　安閑	１１９５	１		１	１	１	５３５	５３５
２８代　宣化	１１９９			４	４	４		５３９
２９代　欽明	１２３１	５０		３６	３２	３６		５７１
３０代　敏達	１２４５		１.００	５０	１４	５０	５８５	５８５
３１代　用明	１２４７	２		２	２	２	５８７	５８７
３２代　崇峻	１２５２	５		５	５	５	５９２	５９２
３３代　推古	９年　辛酉 １２６１	９		９	９	９	６０１	６０１

第４表　天皇宮殿及所在地及即位、崩年、在位年（西暦）

天皇	宮殿名及所在地	即位年	干支	崩年	干支	在位
初代神武	畝火の白檮原宮	108	戊申	133	癸酉	25
２代綏靖	葛城の高岡の宮	135	乙亥	145	乙酉	12
３代安寧	片塩の浮穴の宮	146	丙戌	158	戊戌	13
４代懿徳	軽の境岡の宮	158	戊戌	169	乙酉	11
５代孝昭	葛城の掖上の宮	170	庚戌	197	丁丑	28
６代孝安	葛城の室の秋津島の宮	198	戊寅	231	辛亥	34
７代孝霊	黒田の廬戸の宮	232	壬子	257	丁丑	26
８代孝元	軽の境原の宮	257	丁丑	276	丙申	19
９代開化	春日の伊邪河の宮	276	丙申	296	丙辰	20
１０代崇神	師木の水垣の宮	296	丙辰	318	戊寅	22
１１代垂仁	師木の玉垣の宮	319	壬卯	335	乙未	17
１２代景行	纒向の日代の宮	335	乙未	345	乙巳	10
１３代成務	近淡海の志賀の高穴穂の宮	346	丙午	355	乙卯	10
１４代仲哀						
１５代応神	軽島の明の宮	356	丙辰	394	甲午	39
１６代仁徳	難波の高津の宮	395	乙未	427	丁卯	33
１７代履中	伊波礼の若桜の宮	428	戊辰	432	壬申	5
１８代反正	多治比の柴垣の宮	433	癸酉	437	丁丑	5
１９代允恭	遠飛鳥の宮	438	戊寅	454	甲午	17
２０代安康	石上の穴穂の宮	455	乙未	458	戊戌	4
２１代雄略	長谷の朝倉の宮	459	己亥	489	己巳	31
２２代清寧	伊波礼の甕栗の宮	490	庚午	493	癸酉	4
２３代顕宗	近飛鳥の宮	494	甲戌	495	乙亥	2
２４代仁賢	石上の広高の宮	496	丙子	504	甲申	9
２５代武烈	長谷の列木の宮	505	己酉	511	辛卯	7
２６代継体	伊波礼の玉穂の宮	512	壬辰	534	甲寅	23
２７代安閑	勾の金箸の宮	534	甲寅	535	壬卯	1
２８代宣化	桧坰の廬入野の宮	536	丙辰	539	己未	4
２９代欽明	師木島の大宮	540	庚申	571	辛卯	32
３０代敏達	他田の宮（幸玉の宮）	572	壬辰	585	己巳	14
３１代用明	池辺の宮	586	丙午	587	丁未	2
３２代崇峻	倉梯の柴垣の宮	588	戊申	592	壬子	5
３３代推古	小治田の宮	593	癸丑	628	戊子	36

第5表　紀年、西暦、干支対照表（1）

紀年	天皇年号			西暦年	
	綏靖	丁未	28	甲申	144
		戊申	29	〃	
		己酉	30	〃	
		庚戌	31	乙酉	145
前550		辛亥	32	〃	
	↓	壬子	33	〃	
	安寧	癸丑	1	丙戌	146
		甲寅	2	〃	
		乙卯	3	〃	
前545		丙辰	4	丁亥	147
		丁巳	5	〃	
		戊午	6	〃	
		己未	7	戊子	148
		庚申	8	〃	
前540		辛酉	9	〃	
		壬戌	10	己丑	149
		癸亥	11	〃	
		甲子	12	〃	
		乙丑	13	庚寅	150
前535		丙寅	14	〃	
		丁卯	15	〃	
		戊辰	16	辛卯	151
		己巳	17	〃	
		庚午	18	〃	
前530		辛未	19	壬辰	152
		壬申	20	〃	
		癸酉	21	〃	
		甲戌	22	癸巳	153
		乙亥	23	〃	
前525		丙子	24	〃	
		丁丑	25	甲午	154
		戊寅	26	〃	
		己卯	27	〃	
		庚辰	28	乙未	155
前520		辛巳	29	〃	
		壬午	30	〃	
		癸未	31	丙申	156
		甲申	32	〃	
		乙酉	33	〃	
前515		丙戌	34	丁酉	157
		丁亥	35	〃	
		戊子	36	〃	
		己丑	37	戊戌	158
	↓	庚寅	38	〃	
前510	懿徳	辛卯	1	〃	
		壬辰	2	己亥	159
		癸巳	3	〃	
		甲午	4	〃	
		乙未	5	庚子	160
前505		丙申	6	〃	
		丁酉	7	〃	
	↓	戊戌	8	辛丑	161
	懿徳	己亥	9	〃	

紀年	天皇年号			西暦年	
	神武	甲寅	54	<u>丙寅</u>	
		乙卯	55	〃	
前605		丙辰	56	丁卯	127
		丁巳	57	〃	
		戊午	58	〃	
		己未	59	戊辰	128
		庚申	60	〃	
前600		辛酉	61	〃	
		壬戌	62	己巳	129
		癸亥	63	〃	
		甲子	64	〃	
		乙丑	65	庚午	130
前595		丙寅	66	〃	
		丁卯	67	〃	
		戊辰	68	辛未	131
		己巳	69	〃	
		庚午	70	〃	
前590		辛未	71	壬申	132
		壬申	72	〃	
		癸酉	73	〃	
		甲戌	74	癸酉	133
		乙亥	75	〃	
前585	↓	丙子	76	〃	
	綏靖	丁丑	空位	甲戌	134
		戊寅	空位	〃	
		己卯	空位	〃	
		庚辰	1	乙亥	135
前580		辛巳	2	〃	
		壬午	3	〃	
		癸未	4	丙子	136
		甲申	5	〃	
		乙酉	6	〃	
前575		丙戌	7	丁丑	137
		丁亥	8	〃	
		戊子	9	〃	
		己丑	10	戊寅	138
		庚寅	11	〃	
前570		辛卯	12	〃	
		壬辰	13	己卯	139
		癸巳	14	〃	
		甲午	15	〃	
		乙未	16	庚辰	140
前565		丙申	17	〃	
		丁酉	18	〃	
		戊戌	19	辛巳	141
		己亥	20	〃	
		庚子	21	〃	
前560		辛丑	22	壬午	142
		壬寅	23	〃	
		癸卯	24	〃	
		甲辰	25	癸未	143
	↓	乙巳	26	〃	
前555	綏靖	丙午	27	〃	

紀年	天皇年号			西暦年	
前660	神武	辛酉	1	戊申	108
		壬戌	2	己酉	109
		癸亥	3	〃	
		甲子	4	〃	
		乙丑	5	庚戌	110
前655		丙寅	6	〃	
		丁卯	7	〃	
		戊辰	8	辛亥	111
		己巳	9	〃	
		庚午	10	〃	
前650		辛未	11	壬子	112
		壬申	12	〃	
		癸酉	13	〃	
		甲戌	14	癸丑	113
		乙亥	15	〃	
前645		丙子	16	〃	
		丁丑	17	甲寅	114
		戊寅	18	〃	
		己卯	19	〃	
		庚辰	20	乙卯	115
前640		辛巳	21	〃	
		壬午	22	〃	
		癸未	23	丙辰	116
		甲申	24	〃	
		乙酉	25	〃	
前635		丙戌	26	丁巳	117
		丁亥	27	〃	
		戊子	28	〃	
		己丑	29	戊午	118
		庚寅	30	〃	
前630		辛卯	31	〃	
		壬辰	32	己未	119
		癸巳	33	〃	
		甲午	34	〃	
		乙未	35	庚申	120
前625		丙申	36	〃	
		丁酉	37	〃	
		戊戌	38	辛酉	121
		己亥	39	〃	
		庚子	40	〃	
前620		辛丑	41	壬戌	122
		壬寅	42	〃	
		癸卯	43	〃	
		甲辰	44	癸亥	123
		乙巳	45	〃	
前615		丙午	46	〃	
		丁未	47	甲子	124
		戊申	48	〃	
		己酉	49	〃	
		庚戌	50	乙丑	125
前610		辛亥	51	〃	
	↓	壬子	52	〃	
	神武	癸丑	53	丙寅	126

第５表　紀年、西暦、干支対照表（２）

紀年	天皇年号			西暦年	
前395	孝昭	丙戌	81	丁丑	197
		丁亥	82	〃	
	↓	戊子	83	〃	
	孝安	己丑	1	戊寅	198
		庚寅	2	〃	
前390		辛卯	3	〃	
		壬辰	4	己卯	199
		癸巳	5	〃	
		甲午	6	〃	
		乙未	7	庚辰	200
前385		丙申	8	〃	
		丁酉	9	〃	
		戊戌	10	辛巳	201
		己亥	11	〃	
		庚子	12	〃	
前380		辛丑	13	壬午	202
		壬寅	14	〃	
		癸卯	15	〃	
		甲辰	16	癸未	203
		乙巳	17	〃	
前375		丙午	18	〃	
		丁未	19	甲申	204
		戊申	20	〃	
		己酉	21	〃	
		庚戌	22	乙酉	205
前370		辛亥	23	〃	
		壬子	24	〃	
		癸丑	25	丙戌	206
		甲寅	26	〃	
		乙卯	27	〃	
前365		丙辰	28	丁亥	207
		丁巳	29	〃	
		戊午	30	〃	
		己未	31	戊子	208
		庚申	32	〃	
前360		辛酉	33	〃	
		壬戌	34	己丑	209
		癸亥	35	〃	
		甲子	36	〃	
		乙丑	37	庚寅	210
前355		丙寅	38	〃	
		丁卯	39	〃	
		戊辰	40	辛卯	211
		己巳	41	〃	
		庚午	42	〃	
前350		辛未	43	壬辰	212
		壬申	44	〃	
		癸酉	45	〃	
		甲戌	46	癸巳	213
		乙亥	47	〃	
前345		丙子	48	〃	
	↓	丁丑	49	甲午	214
	孝安	戊寅	50	〃	

紀年	天皇年号			西暦年	
	孝昭	癸巳	28	己未	179
		甲午	29	〃	
		乙未	30	庚申	180
前445		丙申	31	〃	
		丁酉	32	〃	
		戊戌	33	辛酉	181
		己亥	34	〃	
		庚子	35	〃	
前440		辛丑	36	壬戌	182
		壬寅	37	〃	
		癸卯	38	〃	
		甲辰	39	癸亥	183
		乙巳	40	〃	
前435		丙午	41	〃	
		丁未	42	甲子	184
		戊申	43	〃	
		己酉	44	〃	
		庚戌	45	乙丑	185
前430		辛亥	46	〃	
		壬子	47	〃	
		癸丑	48	丙寅	186
		甲寅	49	〃	
		乙卯	50	〃	
前425		丙辰	51	丁卯	187
		丁巳	52	〃	
		戊午	53	〃	
		己未	54	戊辰	188
		庚申	55	〃	
前420		辛酉	56	〃	
		壬戌	57	己巳	189
		癸亥	58	〃	
		甲子	59	〃	
		乙丑	60	庚午	190
前415		丙寅	61	〃	
		丁卯	62	〃	
		戊辰	63	辛未	191
		己巳	64	〃	
		庚午	65	〃	
前410		辛未	66	壬申	192
		壬申	67	〃	
		癸酉	68	〃	
		甲戌	69	癸酉	193
		乙亥	70	〃	
前405		丙子	71	〃	
		丁丑	72	甲戌	194
		戊寅	73	〃	
		己卯	74	〃	
		庚辰	75	乙亥	195
前400		辛巳	76	〃	
		壬午	77	〃	
		癸未	78	丙子	196
	↓	甲申	79	〃	
	孝昭	乙酉	80	〃	

紀年	天皇年号			西暦年	
	懿徳	庚子	10	辛丑	161
前500		辛丑	11	壬寅	162
		壬寅	12	〃	
		癸卯	13	〃	
		甲辰	14	癸卯	163
		乙巳	15	〃	
前495		丙午	16	〃	
		丁未	17	甲辰	164
		戊申	18	〃	
		己酉	19	〃	
		庚戌	20	乙巳	165
前490		辛亥	21	〃	
		壬子	22	〃	
		癸丑	23	丙午	166
		甲寅	24	〃	
		乙卯	25	〃	
前485		丙辰	26	丁未	167
		丁巳	27	〃	
		戊午	28	〃	
		己未	29	戊申	168
		庚申	30	〃	
前480		辛酉	31	〃	168
		壬戌	32	己酉	169
		癸亥	33	〃	
	↓	甲子	34	〃	
	懿徳	乙丑	空位	庚戌	170
前475	孝昭	丙寅	1	〃	
		丁卯	2	〃	
		戊辰	3	辛亥	171
		己巳	4	〃	
		庚午	5	〃	
前470		辛未	6	壬子	172
		壬申	7	〃	
		癸酉	8	〃	
		甲戌	9	癸丑	173
		乙亥	10	〃	
前465		丙子	11	〃	
		丁丑	12	甲寅	174
		戊寅	13	〃	
		己卯	14	〃	
		庚辰	15	乙卯	175
前460		辛巳	16	〃	
		壬午	17	〃	
		癸未	18	丙辰	176
		甲申	19	〃	
		乙酉	20	〃	
前455		丙戌	21	丁巳	177
		丁亥	22	〃	
		戊子	23	〃	
		己丑	24	戊午	178
		庚寅	25	〃	
前450	↓	辛卯	26	〃	
	孝昭	壬辰	27	己未	179

第5表　紀年、西暦、干支対照表（3）

紀年	天皇年号			西暦年	
	孝霊	乙丑	55	庚午	250
前235		丙寅	56	〃	
		丁卯	57	〃	
		戊辰	58	辛未	251
		己巳	59	〃	
		庚午	60	〃	
前230		辛未	61	壬申	252
		壬申	62	〃	
		癸酉	63	〃	
		甲戌	64	癸酉	253
		乙亥	65	〃	
前225		丙子	66	〃	
		丁丑	67	甲戌	254
		戊寅	68	〃	
		己卯	69	〃	
		庚辰	70	乙亥	255
前220		辛巳	71	〃	
		壬午	72	〃	
		癸未	73	丙子	256
		甲申	74	〃	
		乙酉	75	〃	
前215	↓	丙戌	76	丁丑	257
	孝元	丁亥	1	〃	
		戊子	2	〃	
		己丑	3	戊寅	258
		庚寅	4	〃	
前210		辛卯	5	〃	
		壬辰	6	己卯	259
		癸巳	7	〃	
		甲午	8	〃	
		乙未	9	庚辰	260
前205		丙申	10	〃	
		丁酉	11	〃	
		戊戌	12	辛巳	261
		己亥	13	〃	
		庚子	14	〃	
前200		辛丑	15	壬午	262
		壬寅	16	〃	
		癸卯	17	〃	
		甲辰	18	癸未	263
		乙巳	19	〃	
前195		丙午	20	〃	
		丁未	21	甲申	264
		戊申	22	〃	
		己酉	23	〃	
		庚戌	24	乙酉	265
前190		辛亥	25	〃	
		壬子	26	〃	
		癸丑	27	丙戌	266
		甲寅	28	〃	
		乙卯	29	〃	
前185	↓	丙辰	30	丁亥	267
	孝元	丁巳	31	〃	

紀年	天皇年号			西暦年	
	孝霊	壬申	2	壬子	232
		癸酉	3	〃	
		甲戌	4	癸丑	233
		乙亥	5	〃	
前285		丙子	6	〃	
		丁丑	7	甲寅	234
		戊寅	8	〃	
		己卯	9	〃	
		庚辰	10	乙卯	235
前280		辛巳	11	〃	
		壬午	12	〃	
		癸未	13	丙辰	236
		甲申	14	〃	
		乙酉	15	〃	
前275		丙戌	16	丁巳	237
		丁亥	17	〃	
		戊子	18	〃	
		己丑	19	戊午	238
		庚寅	20	〃	
前270		辛卯	21	〃	
		壬辰	22	己未	239
		癸巳	23	〃	
		甲午	24	〃	
		乙未	25	庚申	240
前265		丙申	26	〃	
		丁酉	27	〃	
		戊戌	28	辛酉	241
		己亥	29	〃	
		庚子	30	〃	
前260		辛丑	31	壬戌	242
		壬寅	32	〃	
		癸卯	33	〃	
		甲辰	34	癸亥	243
		乙巳	35	〃	
前255		丙午	36	〃	
		丁未	37	甲子	244
		戊申	38	〃	
		己酉	39	〃	
		庚戌	40	乙丑	245
前250		辛亥	41	〃	
		壬子	42	〃	
		癸丑	43	丙寅	246
		甲寅	44	〃	
		乙卯	45	〃	
前245		丙辰	46	丁卯	247
		丁巳	47	〃	
		戊午	48	〃	
		己未	49	戊辰	248
		庚申	50	〃	
前240		辛酉	51	〃	
		壬戌	52	己巳	249
	↓	癸亥	53	〃	
	孝霊	甲子	54	〃	249

紀年	天皇年号			西暦年	
	孝安	己卯	51	甲午	214
		庚辰	52	乙未	215
前340		辛巳	53	〃	
		壬午	54	〃	
		癸未	55	丙申	216
		甲申	56	〃	
		乙酉	57	〃	
前335		丙戌	58	丁酉	217
		丁亥	59	〃	
		戊子	60	〃	
		己丑	61	戊戌	218
		庚寅	62	〃	
前330		辛卯	63	〃	
		壬辰	64	己亥	219
		癸巳	65	〃	
		甲午	66	〃	
		乙未	67	庚子	220
前325		丙申	68	〃	
		丁酉	69	〃	
		戊戌	70	辛丑	221
		己亥	71	〃	
		庚子	72	〃	
前320		辛丑	73	壬寅	222
		壬寅	74	〃	
		癸卯	75	〃	
		甲辰	76	癸卯	223
		乙巳	77	〃	
前315		丙午	78	〃	
		丁未	79	甲辰	224
		戊申	80	〃	
		己酉	81	〃	
		庚戌	82	乙巳	225
前310		辛亥	83	〃	
		壬子	84	〃	
		癸丑	85	丙午	226
		甲寅	86	〃	
		乙卯	87	〃	
前305		丙辰	88	丁未	227
		丁巳	89	〃	
		戊午	90	〃	
		己未	91	戊申	228
		庚申	92	〃	
前300		辛酉	93	〃	228
		壬戌	94	己酉	229
		癸亥	95	〃	
		甲子	96	〃	
		乙丑	97	庚戌	230
前295		丙寅	98	〃	
		丁卯	99	〃	
		戊辰	100	辛亥	231
		己巳	101	〃	
	↓	庚午	102	〃	
前290	孝霊	辛未	1	壬子	232

第５表　紀年、西暦、干支対照表（４）

紀年	天皇年号			西暦年	
	崇神	甲辰	21	癸亥	303
		乙巳	22	〃	
前75		丙午	23	〃	
		丁未	24	甲子	304
		戊申	25	〃	
		己酉	26	〃	
		庚戌	27	乙丑	305
前70		辛亥	28	〃	
		壬子	29	〃	
		癸丑	30	丙寅	306
		甲寅	31	〃	
		乙卯	32	〃	
前65		丙辰	33	丁卯	307
		丁巳	34	〃	
		戊午	35	〃	
		己未	36	戊辰	308
		庚申	37	〃	
前60		辛酉	38	〃	
		壬戌	39	己巳	309
		癸亥	40	〃	
		甲子	41	〃	
		乙丑	42	庚午	310
前55		丙寅	43	〃	
		丁卯	44	〃	
		戊辰	45	辛未	311
		己巳	46	〃	
		庚午	47	〃	
前50		辛未	48	壬申	312
		壬申	49	〃	
		癸酉	50	〃	
		甲戌	51	癸酉	313
		乙亥	52	〃	
前45		丙子	53	〃	
		丁丑	54	甲戌	314
		戊寅	55	〃	
		己卯	56	〃	
		庚辰	57	乙亥	315
前40		辛巳	58	〃	
		壬午	59	〃	
		癸未	60	丙子	316
		甲申	61	〃	
		乙酉	62	〃	
前35		丙戌	63	丁丑	317
		丁亥	64	〃	
		戊子	65	〃	
		己丑	66	戊寅	318
		庚寅	67	〃	
前30		辛卯	68	〃	
	垂仁	壬辰	1	己卯	319
		癸巳	2	〃	
		甲午	3	〃	
		乙未	4	〃	
前25	垂仁	丙申	5	〃	

紀年	天皇年号			西暦年	
前130	開化	辛亥	28	乙巳	285
		壬子	29	〃	
		癸丑	30	丙午	286
		甲寅	31	〃	
		乙卯	32	〃	
前125		丙辰	33	丁未	287
		丁巳	34	〃	
		戊午	35	〃	
		己未	36	戊申	288
		庚申	37	〃	
前120		辛酉	38	戊申	288
		壬戌	39	己酉	289
		癸亥	40	〃	
		甲子	41	〃	
		乙丑	42	庚戌	290
前115		丙寅	43	〃	
		丁卯	44	〃	
		戊辰	45	辛亥	291
		己巳	46	〃	
		庚午	47	〃	
前110		辛未	48	壬子	292
		壬申	49	〃	
		癸酉	50	〃	
		甲戌	51	癸丑	293
		乙亥	52	〃	
前105		丙子	53	〃	
		丁丑	54	甲寅	294
		戊寅	55	〃	
		己卯	56	〃	
		庚辰	57	乙卯	295
前100		辛巳	58	〃	
		壬午	59	〃	
		癸未	60	丙辰	296
	崇神	甲申	1	〃	
		乙酉	2	〃	
前95		丙戌	3	丁巳	297
		丁亥	4	〃	
		戊子	5	〃	
		己丑	6	戊午	298
		庚寅	7	〃	
前90		辛卯	8	〃	
		壬辰	9	己未	299
		癸巳	10	〃	
		甲午	11	〃	
		乙未	12	庚申	300
前85		丙申	13	〃	
		丁酉	14	〃	
		戊戌	15	辛酉	301
		己亥	16	〃	
		庚子	17	〃	
前80		辛丑	18	壬戌	302
		壬寅	19	〃	
	崇神	癸卯	20	〃	

紀年	天皇年号			西暦年	
	孝元	戊午	32	丁亥	267
		己未	33	戊子	268
		庚申	34	〃	
前180		辛酉	35	〃	
		壬戌	36	己丑	269
		癸亥	37	〃	
		甲子	38	〃	
		乙丑	39	庚寅	270
前175		丙寅	40	〃	
		丁卯	41	〃	
		戊辰	42	辛卯	271
		己巳	43	〃	
		庚午	44	〃	
前170		辛未	45	壬辰	272
		壬申	46	〃	
		癸酉	47	〃	
		甲戌	48	癸巳	273
		乙亥	49	〃	
前165		丙子	50	〃	
		丁丑	51	甲午	274
		戊寅	52	〃	
		己卯	53	〃	
		庚辰	54	乙未	275
前160		辛巳	55	〃	
		壬午	56	〃	
		癸未	57	丙申	276
	開化	甲申	1	〃	
		乙酉	2	〃	
前155		丙戌	3	丁酉	277
		丁亥	4	〃	
		戊子	5	〃	
		己丑	6	戊戌	278
		庚寅	7	〃	
前150		辛卯	8	〃	
		壬辰	9	己亥	279
		癸巳	10	〃	
		甲午	11	〃	
		乙未	12	庚子	280
前145		丙申	13	〃	
		丁酉	14	〃	
		戊戌	15	辛丑	281
		己亥	16	〃	
		庚子	17	〃	
前140		辛丑	18	壬寅	282
		壬寅	19	〃	
		癸卯	20	〃	
		甲辰	21	癸卯	283
		乙巳	22	〃	
前135		丙午	23	〃	
		丁未	24	甲辰	284
		戊申	25	〃	
		己酉	26	〃	
	開化	庚戌	27	乙巳	285

第５表　紀年、西暦、干支対照表（５）

紀年	天皇年号			西暦年	
	景行	癸未	13	丁酉	337
		甲申	14	戊戌	338
85		乙酉	15	〃	
		丙戌	16	〃	
		丁亥	17	〃	
		戊子	18	〃	
		己丑	19	〃	
90		庚寅	20	己亥	339
		辛卯	21	〃	
		壬辰	22	〃	
		癸巳	23	〃	
		甲午	24	〃	
95		乙未	25	〃	
		丙申	26	庚子	340
		丁酉	27	〃	
		戊戌	28	〃	
		己亥	29	〃	
100		庚子	30	〃	
		辛丑	31	〃	
		壬寅	32	辛丑	341
		癸卯	33	〃	
		甲辰	34	〃	
105		乙巳	35	〃	
		丙午	36	〃	
		丁未	37	〃	
		戊申	38	壬寅	342
		己酉	39	〃	
110		庚戌	40	〃	
		辛亥	41	〃	
		壬子	42	〃	
		癸丑	43	〃	
		甲寅	44	癸卯	343
115		乙卯	45	〃	
		丙辰	46	〃	
		丁巳	47	〃	
		戊午	48	〃	
		己未	49	〃	
120		庚申	50	甲辰	344
		辛酉	51	〃	
		壬戌	52	〃	
		癸亥	53	〃	
		甲子	54	〃	
125		乙丑	55	〃	
		丙寅	56	乙巳	345
		丁卯	57	〃	
		戊辰	58	〃	
		己巳	59	〃	
130		庚午	60	〃	
	成務	辛未	1	〃	
		壬申	2	丙午	346
		癸酉	3	〃	
		甲戌	4	〃	
135	成務	乙亥	5	〃	

紀年	天皇年号			西暦年	
30	垂仁	庚寅	59	戊子	328
		辛卯	60	己丑	329
		壬辰	61	〃	
		癸巳	62	〃	
		甲午	63	〃	
35		乙未	64	〃	
		丙申	65	〃	
		丁酉	66	庚寅	330
		戊戌	67	〃	
		己亥	68	〃	
40		庚子	69	〃	
		辛丑	70	〃	
		壬寅	71	〃	
		癸卯	72	辛卯	331
		甲辰	73	〃	
45		乙巳	74	〃	
		丙午	75	〃	
		丁未	76	〃	
		戊申	77	〃	
		己酉	78	壬辰	332
50		庚戌	79	〃	
		辛亥	80	〃	
		壬子	81	〃	
		癸丑	82	〃	
		甲寅	83	〃	
55		乙卯	84	癸巳	333
		丙辰	85	〃	
		丁巳	86	〃	
		戊午	87	〃	
		己未	88	〃	
60		庚申	89	〃	
61		辛酉	90	甲午	334
		壬戌	91	〃	
		癸亥	92	〃	
		甲子	93	〃	
65		乙丑	94	〃	
		丙寅	95	〃	
		丁卯	96	乙未	335
		戊辰	97	〃	
		己巳	98	〃	
70		庚午	99	〃	
	景行	辛未	1	〃	
		壬申	2	〃	
		癸酉	3	丙申	336
		甲戌	4	〃	
75		乙亥	5	〃	
		丙子	6	〃	
		丁丑	7	〃	
		戊寅	8	〃	
		己卯	9	丁酉	337
80		庚辰	10	〃	
		辛巳	11	〃	
	景行	壬午	12	〃	

紀年	天皇年号			西暦年	
	垂仁	丁酉	6	己卯	319
		戊戌	7	庚辰	320
		己亥	8	〃	
		庚子	9	〃	
前20		辛丑	10	〃	
		壬寅	11	〃	
		癸卯	12	〃	
		甲辰	13	辛巳	321
		乙巳	14	〃	
前15		丙午	15	〃	
		丁未	16	〃	
		戊申	17	〃	
		己酉	18	〃	
		庚戌	19	壬午	322
前10		辛亥	20	〃	
		壬子	21	〃	
		癸丑	22	〃	
		甲寅	23	〃	
		乙卯	24	〃	
前5		丙辰	25	癸未	323
前4		丁巳	26	〃	
前3		戊午	27	〃	
前2		己未	28	〃	
前1		庚申	29	〃	
1		辛酉	30	〃	
2		壬戌	31	甲申	324
3		癸亥	32	〃	
4		甲子	33	〃	
5		乙丑	34	〃	
		丙寅	35	〃	
		丁卯	36	〃	
		戊辰	37	乙酉	325
		己巳	38	〃	
10		庚午	39	〃	
		辛未	40	〃	
		壬申	41	〃	
		癸酉	42	丙戌	
		甲戌	43	〃	326
15		乙亥	44	〃	
		丙子	45	〃	
		丁丑	46	〃	
		戊寅	47	〃	
		己卯	48	丁亥	327
20		庚辰	49	〃	
		辛巳	50	〃	
		壬午	51	〃	
		癸未	52	〃	
		甲申	53	〃	
25		乙酉	54	戊子	328
		丙戌	55	〃	
		丁亥	56	〃	
		戊子	57	〃	
	垂仁	己丑	58	〃	

第5表　紀年、西暦、干支対照表（6）

紀年	天皇年号			西暦年	
	応神	壬戌	42	甲戌	374
	(神功)	癸亥	43	乙亥	375
		甲子	44	〃	
245		乙丑	45	〃	
		丙寅	46	丙子	376
		丁卯	47	〃	
		戊辰	48	〃	
		己巳	49	丁丑	377
250		庚午	50	〃	
		辛未	51	〃	
		壬申	52	〃	
		癸酉	53	戊寅	378
		甲戌	54	〃	
255		乙亥	55	〃	
		丙子	56	己卯	379
		丁丑	57	〃	
		戊寅	58	〃	
		己卯	59	〃	
260		庚辰	60	庚辰	380
		辛巳	61	〃	
		壬午	62	〃	
		癸未	63	辛巳	381
		甲申	64	〃	
265		乙酉	65	〃	
		丙戌	66	〃	
		丁亥	67	壬午	382
		戊子	68	〃	
		己丑	69	〃	
270	応神1	庚寅	70	癸未	383
	2	辛卯	71	〃	
	3	壬辰	72	〃	
	4	癸巳	73	〃	
	5	甲午	74	甲申	384
275	6	乙未	75	〃	
	7	丙申	76	〃	
	8	丁酉	77	乙酉	385
	9	戊戌	78	〃	
	10	己亥	79	〃	
280	11	庚子	80	丙戌	386
	12	辛丑	81	〃	
	13	壬寅	82	〃	
	14	癸卯	83	〃	
	15	甲辰	84	丁亥	387
285	16	乙巳	85	〃	
	17	丙午	86	〃	
	18	丁未	87	戊子	388
	19	戊申	88	〃	
	20	己酉	89	〃	
290	21	庚戌	90	〃	
	22	辛亥	91	己丑	389
	23	壬子	92	〃	
	24	癸丑	93	〃	
	25	甲寅	94	庚寅	390

紀年	天皇年号			西暦年	
	成務	己巳	59	乙卯	355
190		庚午	60	〃	
	仲哀	辛未	空位	丙辰	356
		壬申	1	〃	
		癸酉	2	丁巳	357
		甲戌	3	戊午	358
195		乙亥	4	〃	
		丙子	5	己未	359
		丁丑	6	庚申	360
		戊寅	7	〃	
		己卯	8	辛酉	361
200		庚辰	9	壬戌	362
	応神	辛巳	1	癸亥	363
	(神功)	壬午	2	〃	
		癸未	3	〃	
		甲申	4	甲子	364
205		乙酉	5	〃	
		丙戌	6	〃	
		丁亥	7	〃	
		戊子	8	乙丑	365
		己丑	9	〃	
210		庚寅	10	〃	
		辛卯	11	丙寅	366
		壬辰	12	〃	
		癸巳	13	〃	
		甲午	14	〃	
215		乙未	15	丁卯	367
		丙申	16	〃	
		丁酉	17	〃	
		戊戌	18	戊辰	368
		己亥	19	〃	
220		庚子	20	〃	
		辛丑	21	〃	
		壬寅	22	己巳	369
		癸卯	23	〃	
		甲辰	24	〃	
225		乙巳	25	庚午	370
		丙午	26	〃	
		丁未	27	〃	
		戊申	28	〃	
		己酉	29	辛未	371
230		庚戌	30	〃	
		辛亥	31	〃	
		壬子	32	壬申	372
		癸丑	33	〃	
		甲寅	34	〃	
235		乙卯	35	〃	
		丙辰	36	癸酉	373
		丁巳	37	〃	
		戊午	38	〃	
		己未	39	甲戌	374
240	応神	庚申	40	〃	
	(神功)	辛酉	41	甲戌	374

紀年	天皇年号			西暦年	
	成務	丙子	6	丙午	346
		丁丑	7	〃	
		戊寅	8	丁未	347
		己卯	9	〃	
140		庚辰	10	〃	
		辛巳	11	〃	
		壬午	12	〃	
		癸未	13	〃	
		甲申	14	戊申	348
145		乙酉	15	〃	
		丙戌	16	〃	
		丁亥	17	〃	
		戊子	18	〃	
		己丑	19	〃	
150		庚寅	20	己酉	349
		辛卯	21	〃	
		壬辰	22	〃	
		癸巳	23	丙午	346
		甲午	24	〃	
155		乙未	25	庚戌	350
		丙申	26	〃	
		丁酉	27	〃	
		戊戌	28	〃	
		己亥	29	〃	
160		庚子	30	〃	
		辛丑	31	辛亥	351
		壬寅	32	〃	
		癸卯	33	〃	
		甲辰	34	〃	
165		乙巳	35	〃	
		丙午	36	〃	
		丁未	37	壬子	352
		戊申	38	〃	
		己酉	39	〃	
170		庚戌	40	〃	
		辛亥	41	〃	
		壬子	42	〃	
		癸丑	43	癸丑	353
		甲寅	44	〃	
175		乙卯	45	〃	
		丙辰	46	〃	
		丁巳	47	〃	
		戊午	48	〃	
		己未	49	甲寅	354
180		庚申	50	〃	
		辛酉	51	〃	
		壬戌	52	〃	
		癸亥	53	〃	
		甲子	54	〃	
185		乙丑	55	乙卯	355
		丙寅	56	〃	
		丁卯	57	〃	
	成務	戊辰	58	〃	

第5表　紀年、西暦、干支対照表（7）

紀年	天皇年号			西暦年	
	履中	辛丑	2	己巳	429
		壬寅	3	庚午	430
		癸卯	4	〃	
		甲辰	5	辛未	431
405		乙巳	6	壬申	432
	反正	丙午	1	癸酉	433
		丁未	2	甲戌	434
		戊申	3	乙亥	435
		己酉	4	丙子	436
410		庚戌	5	丁丑	437
	允恭	辛亥	空位	戊寅	438
		壬子	1	〃	
		癸丑	2	〃	
		甲寅	3	己卯	439
415		乙卯	4	〃	
		丙辰	5	庚辰	440
		丁巳	6	〃	
		戊午	7	〃	
		己未	8	辛巳	441
420		庚申	9	〃	
		辛酉	10	壬午	442
		壬戌	11	〃	
		癸亥	12	〃	
		甲子	13	癸未	443
425		乙丑	14	〃	
		丙寅	15	甲申	444
		丁卯	16	〃	
		戊辰	17	〃	
		己巳	18	乙酉	445
430		庚午	19	〃	
		辛未	20	丙戌	446
		壬申	21	〃	
		癸酉	22	〃	
		甲戌	23	丁亥	447
435		乙亥	24	〃	
		丙子	25	戊子	448
		丁丑	26	〃	
		戊寅	27	〃	
		己卯	28	己丑	449
440		庚辰	29	〃	
		辛巳	30	庚寅	450
		壬午	31	〃	
		癸未	32	〃	
		甲申	33	辛卯	451
445		乙酉	34	〃	
		丙戌	35	壬辰	452
		丁亥	36	〃	
		戊子	37	〃	
		己丑	38	癸巳	453
450		庚寅	39	〃	
		辛卯	40	〃	
		壬辰	41	甲午	454
	允恭	癸巳	42	〃	

紀年	天皇年号			西暦年	
		戊申	36	戊申	408
		己酉	37	己酉	409
350		庚戌	38	〃	
		辛亥	39	〃	
		壬子	40	庚戌	410
		癸丑	41	〃	
		甲寅	42	辛亥	411
355		乙卯	43	〃	
		丙辰	44	〃	
		丁巳	45	壬子	412
		戊午	46	〃	
		己未	47	〃	
360		庚申	48	癸丑	413
		辛酉	49	〃	
		壬戌	50	甲寅	414
		癸亥	51	〃	
		甲子	52	〃	
365		乙丑	53	乙卯	415
		丙寅	54	〃	
		丁卯	55	〃	
		戊辰	56	丙辰	416
		己巳	57	〃	
370		庚午	58	丁巳	417
		辛未	59	〃	
		壬申	60	〃	
		癸酉	61	戊午	418
		甲戌	62	〃	
375		乙亥	63	〃	
		丙子	64	己未	419
		丁丑	65	〃	
		戊寅	66	庚申	420
		己卯	67	〃	
380		庚辰	68	〃	
		辛巳	69	辛酉	421
		壬午	70	〃	
		癸未	71	〃	
		甲申	72	壬戌	422
385		乙酉	73	〃	
		丙戌	74	〃	
		丁亥	75	癸亥	423
		戊子	76	〃	
		己丑	77	甲子	424
390		庚寅	78	〃	
		辛卯	79	〃	
		壬辰	80	乙丑	425
		癸巳	81	〃	
		甲午	82	〃	
395		乙未	83	丙寅	426
		丙申	84	〃	
		丁酉	85	丁卯	427
		戊戌	86	〃	
		己亥	87	〃	
400	履中	庚子	1	戊辰	428

紀年	天皇年号			西暦年	
295	26	乙卯	95	庚寅	390
	27	丙辰	96	〃	
	28	丁巳	97	辛卯	391
	29	戊午	98	〃	
	30	己未	99	〃	
300	31	庚申	100	〃	
	32	辛酉	101	壬辰	392
	33	壬戌	102	〃	
	34	癸亥	103	〃	
	35	甲子	104	癸巳	393
305	36	乙丑	105	〃	
	37	丙寅	106	〃	
	38	丁卯	107	〃	
	39	戊辰	108	甲午	394
	40	己巳	109	〃	
310	41	庚午	110	〃	
	仁徳	辛未	空位	乙未	395
		壬申	〃	〃	
		癸酉	1	〃	
		甲戌	2	丙申	396
315		乙亥	3	〃	
		丙子	4	〃	
		丁丑	5	丁酉	397
		戊寅	6	〃	
		己卯	7	戊戌	398
320		庚辰	8	〃	
		辛巳	9	〃	
		壬午	10	己亥	399
		癸未	11	〃	
		甲申	12	〃	
325		乙酉	13	庚子	400
		丙戌	14	〃	
		丁亥	15	辛丑	401
		戊子	16	〃	
		己丑	17	〃	
330		庚寅	18	壬寅	402
		辛卯	19	〃	
		壬辰	20	〃	
		癸巳	21	癸卯	403
		甲午	22	〃	
335		乙未	23	甲辰	404
		丙申	24	〃	
		丁酉	25	〃	
		戊戌	26	乙巳	405
		己亥	27	〃	
340		庚子	28	〃	
		辛丑	29	丙午	406
		壬寅	30	〃	
		癸卯	31	丁未	407
		甲辰	32	〃	
345		乙巳	33	〃	
		丙午	34	戊申	408
	仁徳	丁未	35	〃	

第5表　紀年、西暦、干支対照表（8）

紀年	天皇年号			西暦年	
550	欽明	庚午	11	庚午	550
		辛未	12	辛未	
		壬申	13	壬申	
		癸酉	14	癸酉	
		甲戌	15	甲戌	
555		乙亥	16	乙亥	555
		丙子	17	丙子	
		丁丑	18	丁丑	
		戊寅	19	戊寅	
		己卯	20	己卯	
560		庚辰	21	庚辰	560
		辛巳	22	辛巳	
		壬午	23	壬午	
		癸未	24	癸未	
		甲申	25	甲申	
565		乙酉	26	乙酉	565
		丙戌	27	丙戌	
		丁亥	28	丁亥	
		戊子	29	戊子	
		己丑	30	己丑	
570		庚寅	31	庚寅	570
		辛卯	32	辛卯	
	敏達	壬辰	1	壬辰	
		癸巳	2	癸巳	
		甲午	3	甲午	
575		乙未	4	乙未	575
		丙申	5	丙申	
		丁酉	6	丁酉	
		戊戌	7	戊戌	
		己亥	8	己亥	
580		庚子	9	庚子	580
		辛丑	10	辛丑	
		壬寅	11	壬寅	
		癸卯	12	癸卯	
		甲辰	13	甲辰	
585		乙巳	14	乙巳	585
	用明	丙午	1	丙午	
		丁未	2	丁未	
	崇峻	戊申	1	戊申	
		己酉	2	己酉	
590		庚戌	3	庚戌	590
591		辛亥	4	辛亥	591
		壬子	5	壬子	
	推古	癸丑	1	癸丑	
		甲寅	2	甲寅	
595		乙卯	3	乙卯	595
		丙辰	4	丙辰	
		丁巳	5	丁巳	
		戊午	6	戊午	
		己未	7	己未	
600		庚申	8	庚申	600
601	推古	辛酉	9	辛酉	601

紀年	天皇年号			西暦年	
498	仁賢	戊寅	11	甲申	504
	武烈	己卯	1	乙酉	505
500		庚辰	2	丙戌	506
		辛巳	3	丁亥	507
		壬午	4	戊子	508
		癸未	5	〃	508
		甲申	6	己丑	509
505		乙酉	7	庚寅	510
		丙戌	8	辛卯	511
507	継体	丁亥	1	壬辰	512
508		戊子	2	癸巳	513
		己丑	3	甲午	514
510		庚寅	4	〃	514
		辛卯	5	乙未	515
		壬辰	6	丙申	516
		癸巳	7	丁酉	517
		甲午	8	戊戌	518
515		乙未	9	己亥	519
		丙申	10	〃	519
		丁酉	11	庚子	520
		戊戌	12	辛丑	521
		己亥	13	壬寅	522
520		庚子	14	癸卯	523
		辛丑	15	〃	523
		壬寅	16	甲辰	524
		癸卯	17	乙巳	525
		甲辰	18	丙午	526
525		乙巳	19	丁未	527
		丙午	20	戊申	528
		丁未	21	〃	528
		戊申	22	己酉	529
		己酉	23	庚戌	530
530		庚戌	24	辛亥	531
		辛亥	25	壬子	532
		壬子	26	〃	532
		癸丑	27	癸丑	533
534	継体	甲寅	28	甲寅	534
534	安閑	〃	1	〃	
535		乙卯	2	乙卯	535
	宣化	丙辰	1	丙辰	
		丁巳	2	丁巳	
		戊午	3	戊午	
		己未	4	己未	
540	欽明	庚申	1	庚申	540
		辛酉	2	辛酉	
		壬戌	3	壬戌	
		癸亥	4	癸亥	
		甲子	5	甲子	
545		乙丑	6	乙丑	545
		丙寅	7	丙寅	
		丁卯	8	丁卯	
		戊辰	9	戊辰	
	欽明	己巳	10	己巳	

紀年	天皇年号			西暦年	
454	安康	甲午	1	乙未	455
455		乙未	2	丙申	456
455		丙申	3	丁酉	457
456		〃	3	戊戌	458
457	雄略	丁酉	1	己亥	459
458		戊戌	2	庚子	460
458		己亥	3	辛丑	461
459		〃	3	壬寅	462
460		庚子	4	癸卯	463
461		辛丑	5	甲辰	464
461		壬寅	6	乙巳	465
462		〃	6	丙午	466
463		癸卯	7	丁未	467
464		甲辰	8	戊申	468
464		乙巳	9	己酉	469
465		〃	9	庚戌	470
466		丙午	10	辛亥	471
467		丁未	11	壬子	472
467		〃	11	癸丑	473
468		戊申	12	甲寅	474
469		己酉	13	乙卯	475
470		庚戌	14	丙辰	476
470		〃	14	丁巳	477
471		辛亥	15	戊午	478
472		壬子	16	己未	479
473		癸丑	17	庚申	480
473		〃	17	辛酉	481
474		甲寅	18	壬戌	482
475		乙卯	19	癸亥	483
476		丙辰	20	甲子	484
476		〃	20	乙丑	485
477		丁巳	21	丙寅	486
478		戊午	22	丁卯	487
479		己未	23	戊辰	488
479		〃	23	己巳	489
480	清寧	庚申	1	庚午	490
481		辛酉	2	辛未	491
482		壬戌	3	〃	491
483		癸亥	4	壬申	492
		甲子	5	癸酉	493
485	顕宗	乙丑	1	甲戌	494
		丙寅	2	乙亥	495
		丁卯	3	〃	
	仁賢	戊辰	1	丙子	496
		己巳	2	丁丑	497
490		庚午	3	戊寅	498
		辛未	4	己卯	499
		壬申	5	〃	499
		癸酉	6	庚辰	500
		甲戌	7	辛巳	501
495		乙亥	8	壬午	502
		丙子	9	癸未	503
	仁賢	丁丑	10	甲申	504

七　実年の歴史

これからは、日本書紀が倍率で作られていることから、反対に元の古事記にもどして他の史書と同じになるか、どうか試してみます。

各天皇の紀年は倍率によって旧来の年数に替え、記事をそのまま利用することによって、新しく日本の古代史が現れて来ます。紀年、西暦、干支対照表は正にそのために利用すればよい訳であります。

年表にして上から紀年、西暦年を書き、記事を上下に分け、上方は日本書紀にある各天皇の記事を年数通りに書き、下方には西暦年、又は時代（考古学）で示される、他の文書からの記事を入れます。紀年も西暦も対照表の天皇紀年から得られますから、立太子、即位、崩年、宝算もある天皇はその生年も実年で判明することになります。

各天皇の一生を横線に現しておきますとスケールで年数が測られます。このようにしておきますと今まで不明でありました不合理も直ぐ判ります。

今までと様子の違うことは早婚の時代ですから、息石耳命《おきそみみのみこと》、耜友命《すきとものみこと》は実年が七、八歳で生まれることになり、この辺りで一つ問題のあったことが判ります。「一書《あるふみ》に云はく」とあるのは本文に対し別の話があると云うのですが、この方が正しい場合も多く、よく考えなくてはなりません。普通七、八歳で生まれることはありませんので、これは綏靖《すいぜい》天皇在世中ですから綏靖の子にするしかありません。
しかし懿徳《いとく》天皇の皇后になるのが息石耳命の娘で、兄の子を皇后とするには一四、五歳の年齢になりませんと成立しません。結局、孝昭前紀一部は嘘で、古事記にある師木県主《しきのあがたのぬし》の祖、賦登麻和《ふとまわ》訶比売《かひめ》、又は飯日媛《いいひひめ》です。（年表から）
孝昭《こうしょう》天皇の葬儀が紀年で三八年間も行われなかったことは、実年では一三年間でありました。その年は西暦二一〇年、その二二年前は一八八年で卑弥呼が女王になったので倭の大乱が終息したのです。中国史からは「相攻伐すること暦年主なし」と云われる程、手が付けられない大乱で、主はあっても統制が行き届かない状態を中国の言葉で表現したものでしょう。卑弥呼王になって九年、孝昭天皇は亡くなられますが、それから一三年葬儀もなく、大乱の疲弊は甚大なものでありました。西暦にすると倭人伝が伝える事が、古事記や日本書紀になくても自然と判って来ます。

第6表　神武天皇から崇神天皇の年表

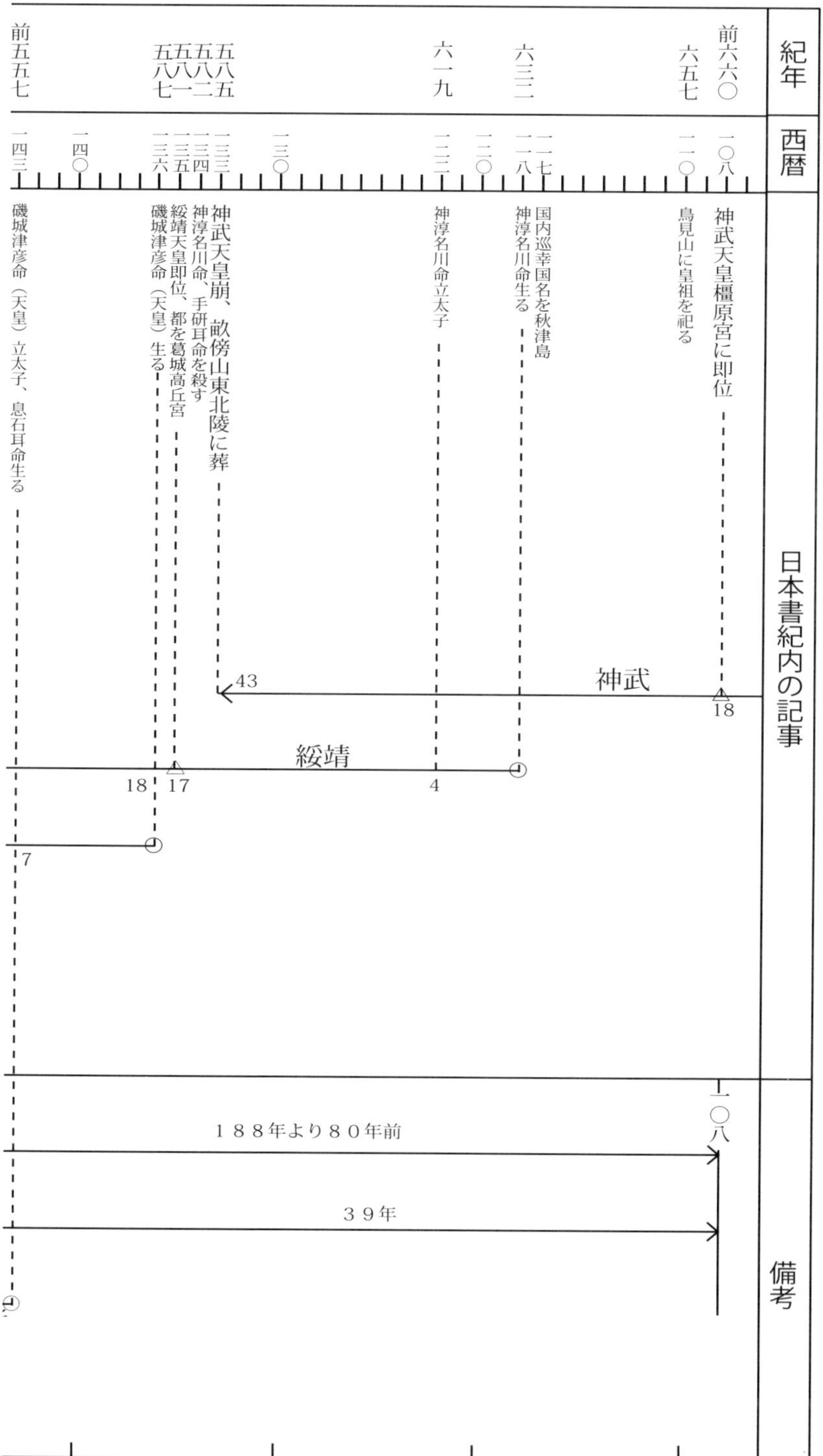

紀年
西暦
日本書紀内の記事
備考
前六六〇
一〇八
神武天皇橿原宮に即位
六五七
一一〇
鳥見山に皇祖を祀る
一一七
国内巡幸国名を秋津島
六三二
一一八
神渟名川命生る
一二〇
六一九
一二二
神渟名川命立太子
一三〇
五八五
一三三
神武天皇崩、畝傍山東北陵に葬
五八二
一三四
神渟名川命、手研耳命を殺す
五八一
一三五
綏靖天皇即位、都を葛城高丘宮
五八七
一三六
磯城津彦命（天皇）生る
一四〇
前五五七
一四三
磯城津彦命（天皇）立太子、息石耳命生る
神武
43
18
綏靖
18
17
4
7
一〇八
188年より80年前
39年
140
130
120
110

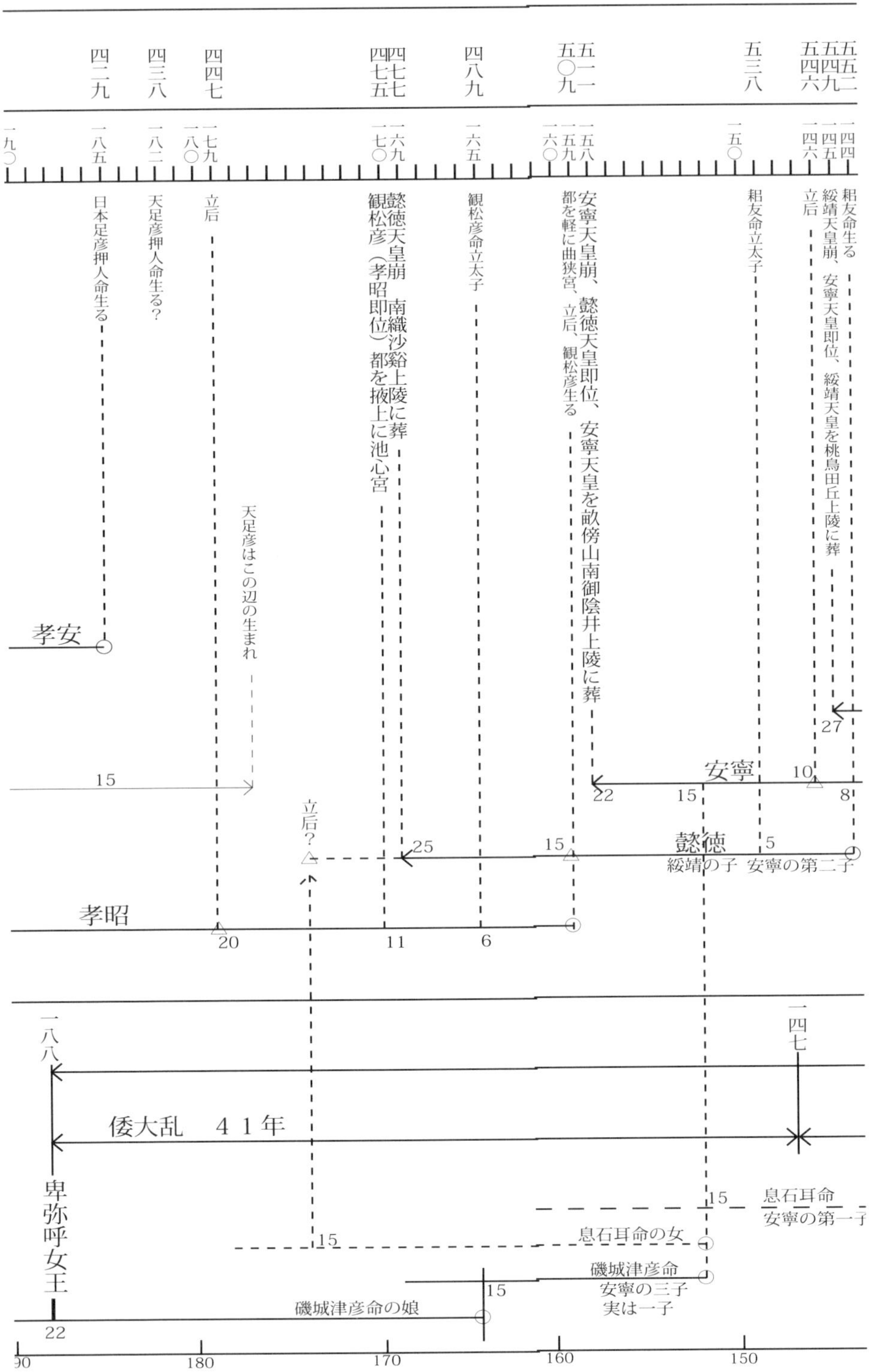

四二九
四三八
四四七
四七五
四七七
四八九
五〇九
五一一
五三八
五四六
五四九
五五二
一九〇
一八五
一八二
一八〇
一七九
一七〇
一六九
一六五
一六〇
一五九
一五八
一五〇
一四六
一四五
一四四
日本足彦押人命生る
天足彦押人命生る？
立后
懿徳天皇崩　南織沙谿上陵に葬
観松彦（孝昭即位）都を掖上に池心宮
観松彦命立太子
都を軽に曲狭宮、立后、観松彦生る
安寧天皇崩、懿徳天皇即位、安寧天皇を畝傍山南御陰井上陵に葬
耜友命立太子
立后
綏靖天皇崩、安寧天皇即位、綏靖天皇を桃鳥田丘上陵に葬
耜友命生る
天足彦はこの辺の生まれ
孝安
15
27
安寧
10
22
15
8
立后？
25
15
懿徳
5
綏靖の子
安寧の第二子
孝昭
20
11
6
一八八
一四七
倭大乱　４１年
卑弥呼女王
15
息石耳命
安寧の第一子
15
息石耳命の女
磯城津彦命
安寧の三子
実は一子
15
磯城津彦命の娘
22
190
180
170
160
150

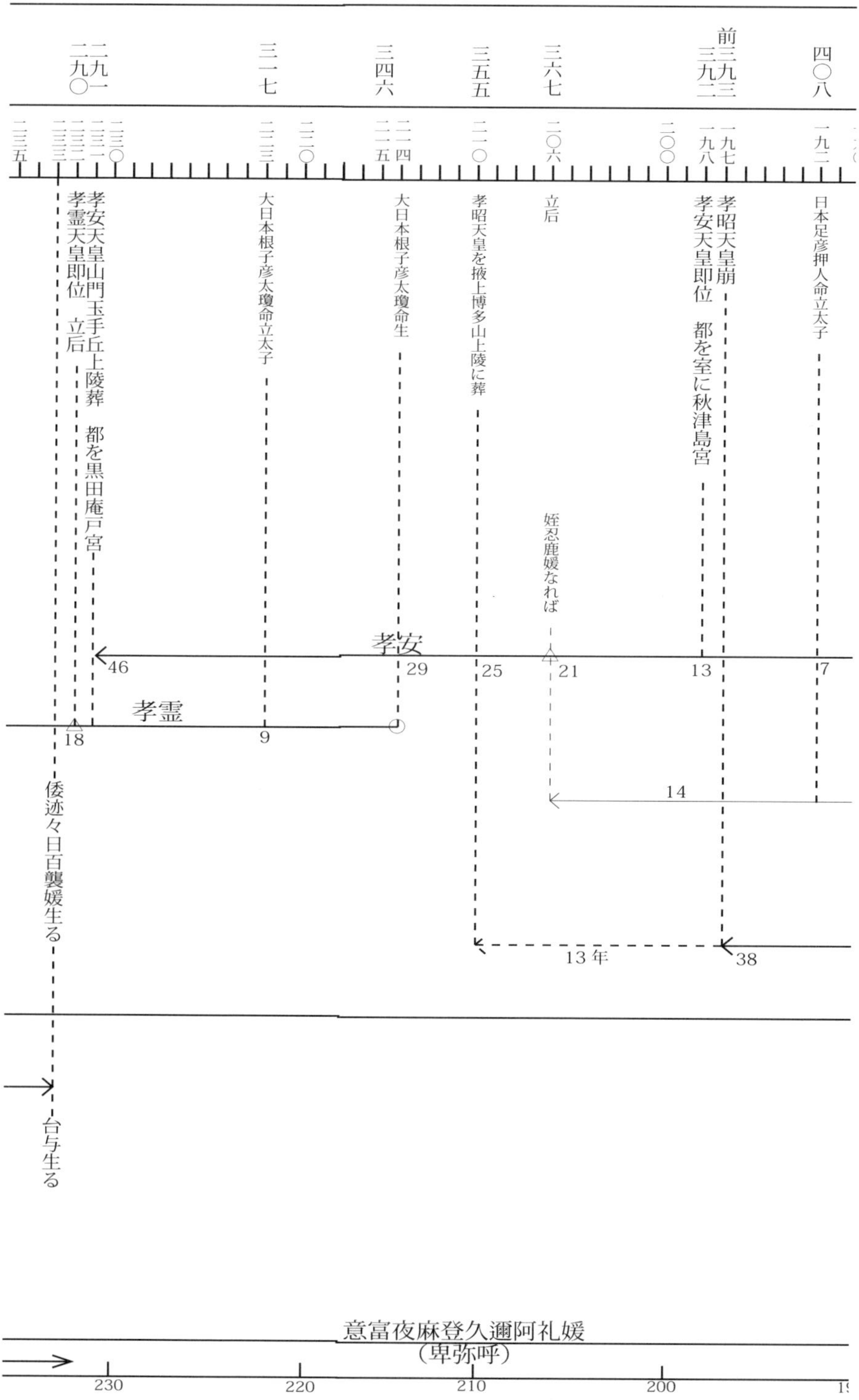
二九一
二九〇
三一七
三四六
三五五
三六七
前三九三
三九二
四〇八
二三五
二三三
二三二
二三一
二三〇
二二三
二二〇
二一五
二一四
二一〇
二〇六
二〇〇
一九八
一九七
一九二
孝安天皇山門玉手丘上陵葬　都を黒田庵戸宮
孝霊天皇即位　立后
大日本根子彦太瓊命立太子
大日本根子彦太瓊命生
孝昭天皇を掖上博多山上陵に葬
立后
孝昭天皇崩
孝安天皇即位　都を室に秋津島宮
日本足彦押人命立太子
姪忍鹿媛なれば
孝安
46
29
25
21
13
7
孝霊
18
9
14
倭迹々日百襲媛生る
13年
38
台与生る
意富夜麻登久邇阿礼媛
（卑弥呼）
230
220
210
200
19

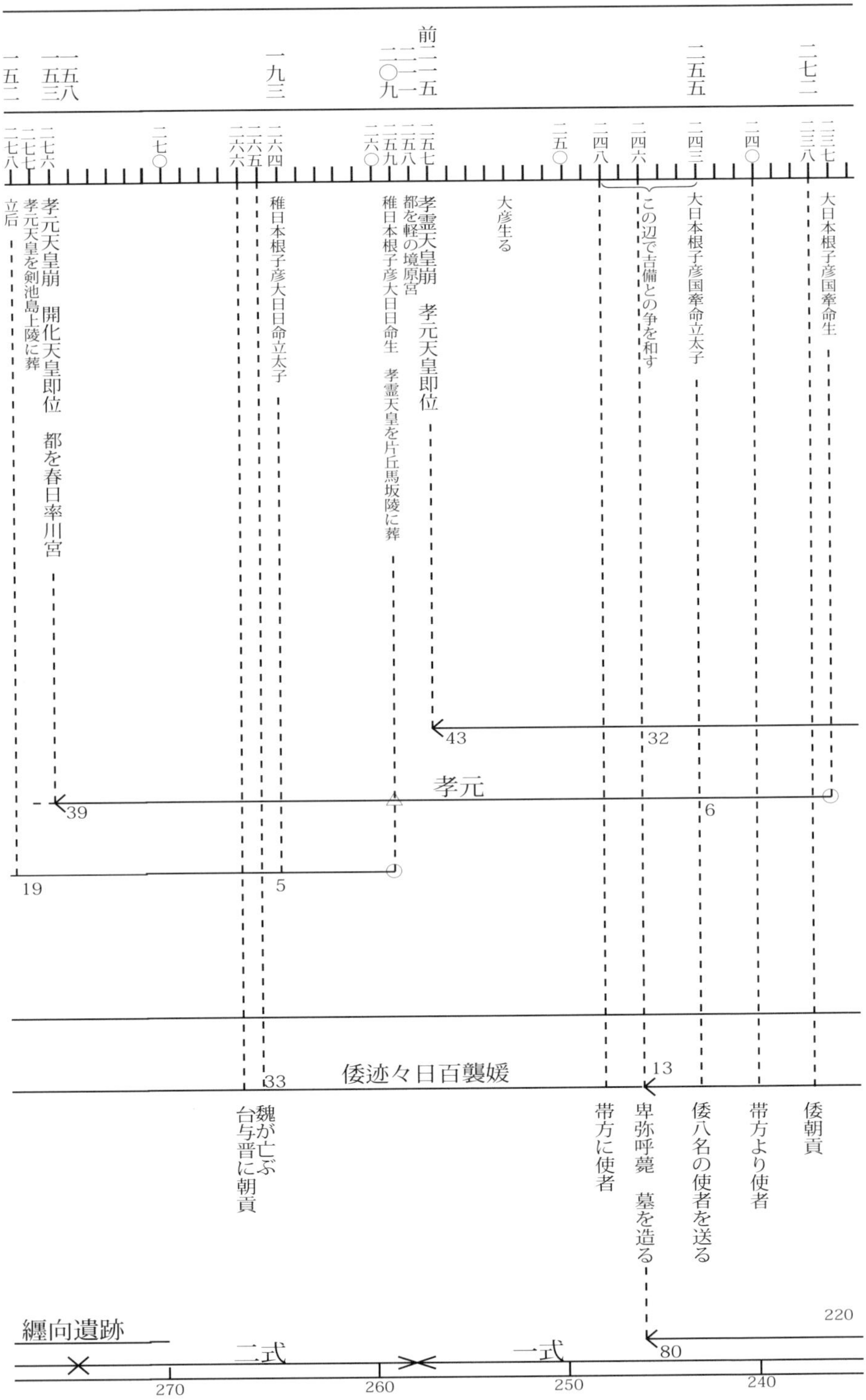

二七二
二五五
前二一五
二一一
二〇九
一九三
一五八
一五三
一五二
二三七
二三八
二四〇
二四三
二四六
二四八
二五〇
二五七
二五八
二五九
二六〇
二六四
二六五
二六六
二七〇
二七六
二七七
二七八
大日本根子彦国牽命生
大日本根子彦国牽命立太子
この辺で吉備との争を和す
大彦生る
孝霊天皇崩　孝元天皇即位
都を軽の境原宮
稚日本根子彦大日日命生　孝霊天皇を片丘馬坂陵に葬
稚日本根子彦大日日命立太子
孝元天皇崩　開化天皇即位　都を春日率川宮
孝元天皇を剣池島上陵に葬
立后
43
32
孝元
39
6
19
5
倭迹々日百襲媛
33
13
倭朝貢
帯方より使者
倭八名の使者を送る
卑弥呼薨　墓を造る
帯方に使者
魏が亡ぶ
台与晋に朝貢
纒向遺跡
二式
一式
220
80
270
260
250
240

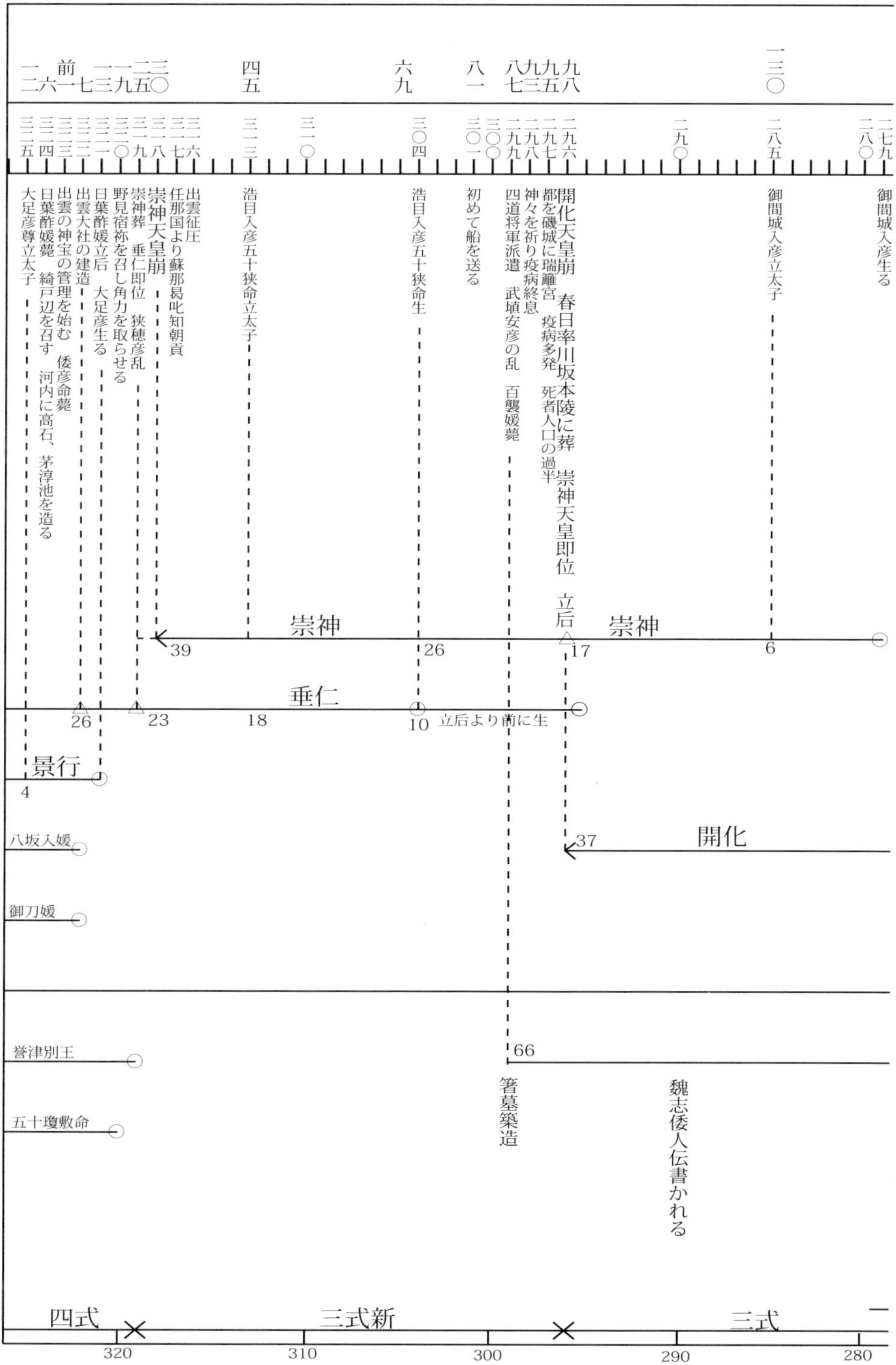

九八
九五
九三
八七
八一
六九
四五
一三〇
三〇
二五
一九
一三
前一七
二六
二七九
二八〇
二八五
二九〇
二九六
二九七
二九八
二九九
三〇〇
三〇一
三〇四
三一〇
三一三
三一六
三一七
三一八
三一九
三二〇
三二一
三二二
三二三
三二四
三二五
御間城入彦生る
御間城入彦立太子
開化天皇崩　春日率川坂本陵に葬　崇神天皇即位
立后
都を磯城に瑞籬宮　疫病多発　死者人口の過半
神々を祈り疫病終息
四道将軍派遣　武埴安彦の乱　百襲媛薨
初めて船を送る
浩目入彦五十狭命生
浩目入彦五十狭命立太子
出雲征圧
任那国より蘇那曷叱知朝貢
崇神天皇崩
崇神葬　垂仁即位　狭穂彦乱
野見宿祢を召し角力を取らせる
日葉酢媛立后　大足彦生る
出雲大社の建造
出雲の神宝の管理を始む　倭彦命薨
日葉酢媛薨　綺戸辺を召す　河内に高石、茅淳池を造る
大足彦尊立太子
崇神
6
17
26
39
垂仁
立后より前に生
10
18
23
26
景行
4
八坂入媛
御刀媛
開化
37
誉津別王
五十瓊敷命
66
箸墓築造
魏志倭人伝書かれる
一
三式
三式新
四式
280
290
300
310
320

(一) 邪馬台国とは日本書紀の倭国

孝霊《こうれい》天皇の即位が西暦二三二年、これは記紀からの歴史年数。中国史で日本から朝貢して来たと云うのが西暦二三八年、倭国が魏に朝貢しました。連合国の女王がしたことになっていますが、この女王は推戴された王で実力はありませんが、その命令は各国が守ることを約束していたのであります。弟が政治を取っていたと云うのですから、日本では女王という者は占をする人で王とは考えていなかったものです。歴史上は孝霊天皇が王となっています。

孝霊天皇は難升米《なしめ》、牛利《ごり》を使として帯方《たいほう》郡に行かせ、皇帝に朝貢したいと申し入れをし、その年末に皇帝は謁見しましたが、皇帝は翌年、即ち西暦二三九年正月に急死しました。

明帝は大変喜び女王卑弥呼を親魏倭王とし金印を与えたと云うので、此の朝貢は大成功を収めたのであります。その時を期に日本のことは中国で広く知られるようになったのであります。翌西暦二四〇年、帯方郡からの使者が来日し、賜物を届けます。この使者や倭の使者の見聞したものが後に魏志倭人伝に書かれ、それがこの原稿に日本の古代史として現れます。

卑弥呼の薨去は西暦二四六年頃で、その一三年前台与が生まれて卑弥呼の跡を継いだと云います。卑弥呼薨去により倭国は一波乱あって千人ばかりも犠牲者が出たと云う程、神に祈る巫女の真摯な方法が当時は歓迎されたのです。その台与といわれる人物は孝霊天皇の娘で、即位後一年、西暦二三三年生まれ、宗家の生まれと云うのですから天皇の皇女で名は倭迹々日百襲媛命《やまとととびももそひめ》で、母は日本書紀では国香媛《くにかひめ》とありますが、古事記では意富夜麻登久邇阿礼比売《おふやまとくにあれひめ》命となっています。

ここで忘れてはならないことは、古事記で孝霊紀に「大吉備津日子命と若建吉備津日子命とは、二柱相副はして、針間《はりま》の氷河《ひかわ》の前《さき》に忌瓮《いわいべ》を居《す》えて、針間《はりま》を道の口として、吉備国を言向《ことむ》け和《やわ》したまひけり」とあることです。

記では孝霊時代を、魏志も同じ時代を書いたことは、見方も違い考え方も言葉も違いますから、争があったとか「言向《ことむ》け和《やわ》す」とかの対手のことは狗奴《くな》国であれ吉備国であれ、同じ国であることだと解ります。又、同じ西暦年で書かれますから同じような日本での出来事は皆同じです。要するに古事記に書かれた事は魏志倭人伝にも同じ事が書かれていますから、どちらも一つ国の事を古事記では吉備と云い、魏志倭人伝では中国的呼名で狗奴《くな》国と呼んだのです。

その頃吉備は、現岡山県と広島県の約半分を含む大国でありました。児島を基地にする海運国でもあり大和とは対立していたのですから、朝貢の道も瀬戸内海は通れません。日本海航路を取り、末盧《まつら》国、陸行五百里で伊都《いと》国、陸行百里で奴《な》国、陸行百里で不弥《ふみ》国、水行二〇日で投馬《とうま》国、水行一〇日と陸行一月で邪馬台《やまたい》国の順で卑弥呼が都する処に至ったのです。投馬国とは、日本海航路と水行一〇日と陸行一カ月で邪馬台国到達が判りますので、出雲の国のことで、五万戸あり、都は七万戸と云う数もやや具体的です。これで出雲国は早くから開けたことが実証されますし、考古学からも証拠は明らかであり、且つ古事記が書く真実性の多さからも歴史があることは伺われます。

女王国とは、北九州の海岸から中国地方の山陰、さらに北陸の一部、近畿地方の小国の連合体で、邪馬台国の台の字は古本に写してあるのは壹の字であって、台与の写しも壹の字ですから邪馬壹国《やまとのくに》と、古事記が音で読むように音の当て字を音で読めば、邪馬台国《やまたいこく》、又は邪馬台《やまたい》と云う地名は今もなく、邪馬壹《やまと》が倭《やまと》であり大和《やまと》であります。
以後大和朝廷が亡ぶと云う古文書はありませんが、卑弥呼亡き後に亡んだとか、台与は殺されたとかという記事は、戦後の研究者や作家から想像して言われていることです。

(二) 卑弥呼は倭名で意富夜麻登久邇阿礼比売《おふやまとくにあれひめ》命

安寧《あんねい》天皇が皇子を生みますのは早くて一四、五歳位の年でしょう。各天皇の皇子を生む年も早くてその位です。仮に安寧天皇が磯城津彦《しきつひこ》を一五年で生み、磯城津彦が一五歳になる年は西暦一六六年であります。（年表参照）

古事記に、「安寧天皇が磯城津彦を生み、その子に二柱の子《みこ》があり、一柱は知知都美命《ちぢつみのみこと》で淡路の御井の宮にあり、此の王《みこ》に二柱の女《ひめみこ》あり、兄《いろね》の名は蝿伊呂泥《はえいろね》、亦の名は意富夜麻登久邇阿礼比売《おふやまとくにあれひめ》命、弟《いろと》の名は蝿伊呂杼《はえいろと》」とあり、それが孝霊記になりますと二人の媛は天皇の妃になって、蝿伊呂泥は夜麻登登母母曽毗売《やまととももそひめ》、大吉備津日子《おおきびつひこ》命外二柱の子《みこ》を生みます。紀では蝿伊呂泥は国香媛になっています。

何故四代も後の天皇の妃にする（皇后ではなく）女性をここに出して来たのでありましょうか？

安寧天皇崩から孝霊天皇生誕まで実年六〇年ばかりあります。たとえこの間に磯城津彦命と知知都美命を入れましても（紀年では一八〇年）、一寸間が長過ぎ、早婚時代では間にもう一人必要です。

他の天皇の立后も概ね二〇年位（実年）ですから、知知都美命は一代作られたものであって、磯城津彦命の媛であったのではないかと思われるのです。このような例はこれからも処々に出てまいります。

もし磯城津彦命が一五歳位で西暦一六六年に二人の媛を生むとしますと、その媛が八〇歳になるのは西暦二四六年で、卑弥呼の薨年になるのであります。年数的にはそのようになりますが、紀の方では倭国香媛《やまとくにかひめ》となっていて、又の名は蝿伊呂泥とあります。都合のよいように考えると思われるかも知れませんが、古事記では意富夜麻登久邇阿礼比売が孝霊天皇の妃になっています。卑弥呼は当時女王とは国内では云われませんが、占の当たることは有名な媛であったのでありまして、魏志倭人伝の中にも鬼道信仰に優れ、シャーマンとして巧みに人々を魅了した、とあります位ですから年老いても宮中にその名を残していたものでありましょう。しかし日本書紀では妃は国香媛です。

何故記と紀では妃の名が違うのか、その妃を母とした皇子達の名は大体同じ名と思われるのに、母親の名だけ違うのはどちらかが作られているからです。

古事記の記述で年数から見て知知都美命の子でも、早婚時代のことであれば、孝霊天皇の妃となるには年令が同じ位が条件ですが、媛は天皇と五二歳違いますから妃ではありません。卑弥呼は孝霊天皇時代迄生き中国までその名を知られている位で、占の術にも長けていますから意富夜麻登久邇阿礼毗売は孝霊天皇の時代まで宮廷に残りました。歴史に残すために古事記は妃として書きましたが、その名を残すためには無職では残されませんから妃としたのであって、日本書紀は倭国香媛で皇子女は倭国香媛の実子だったのです。意富夜麻登久邇阿礼毗売を妃として残したため、後世で卑弥呼が日本名で誰であるのか皆目見当がつかなかったのでしょう。

しかしこれは私の推理であって、年数のことを克服し、作られた歴史を否定した上でたどり得た理屈です。他に考え方があるかも知れませんが、中国で卑弥呼と云われた人物は、意富夜麻登久邇阿礼毗売と云う長い名の媛、又その後を継いだ台与（壹与《とよ》）と云う人物は日本書紀に倭迹々日百襲《やまとととびももそ》媛《ひめ》命と呼び、古事記では夜麻登登母母曽毗売《やまとともももそひめ》命と何れも長い名の呼び方です。ところが百襲媛の命の記事は古事記には全くありません。日本書紀はここで大三輪氏撰進の墓記から、大三輪氏の墓である百襲媛の事をロマン豊かに書いたものでありましょう。

(三) 纒向遺跡は孝霊即位に始まり景行に終わる

作られた年数ではありましたがその年数から実年を復元出来ましたので、その年数の年表に纒向遺跡を記入しますと、その遺跡は孝霊天皇の時代から始まります。孝霊天皇は、先代まで橿原以南に都を作られましたがそれまでとは変わって北方湿地帯に都されたものでして、全く何も無い処に開かれた場所でありました。寺沢薫先生の土器編年を入れますと、俄かにその地が開かれたことは孝霊天皇即位の時代からであったことが判ります。どのように編年を決められたか解りませんが、纒向1式が大体孝霊時代で、孝元天皇時代は纒向2式、3式は開化天皇、3式新は崇神天皇時代に当たり、何故かと思う程その時代はよく編年に合っています。これは事実だから合うのです。

第7表　土器編年との比較

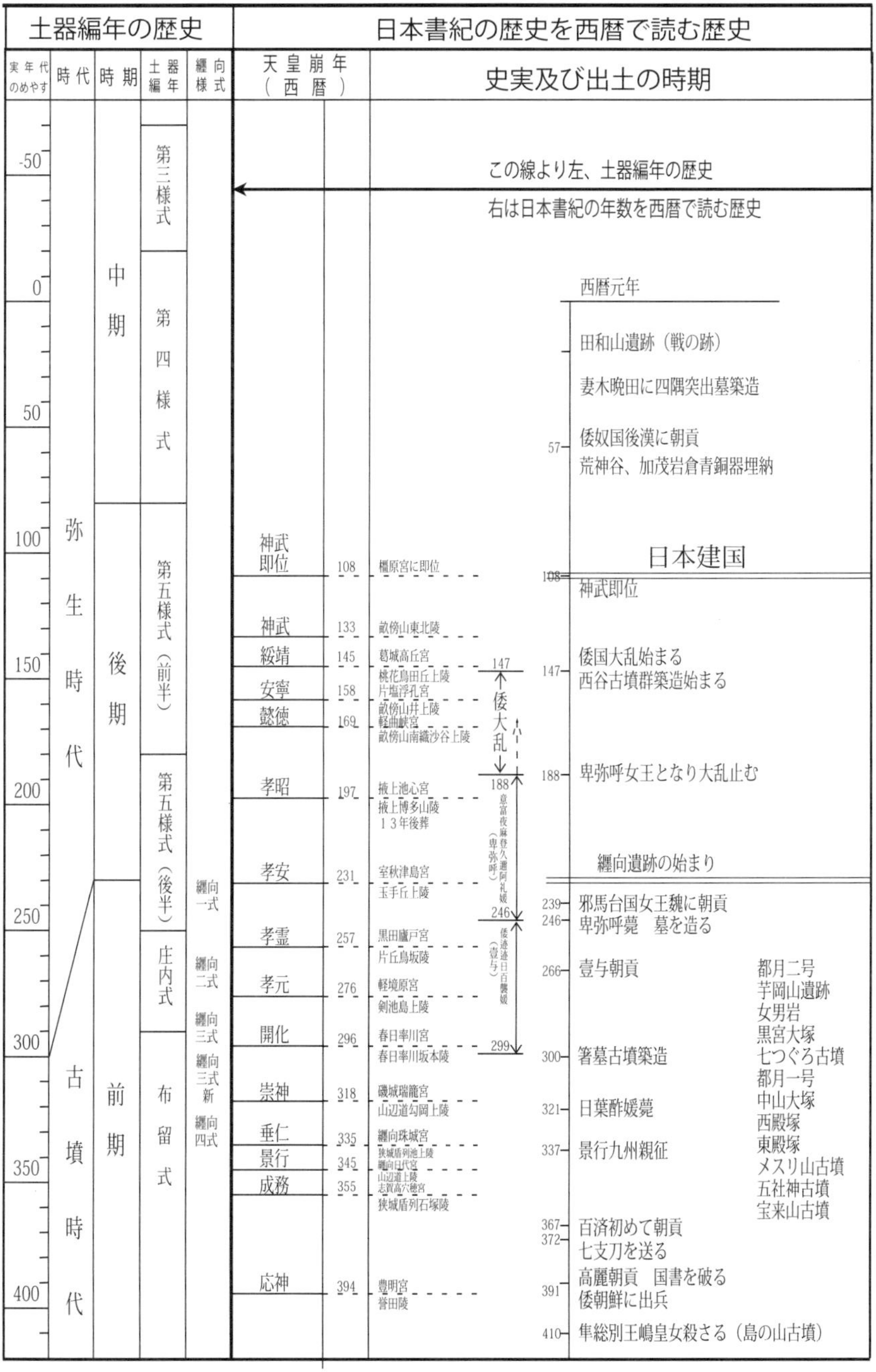
土器編年の歴史
日本書紀の歴史を西暦で読む歴史
実年代のめやす
時代
時期
土器編年
纒向様式
天皇崩年（西暦）
史実及び出土の時期
-50
0
50
100
150
200
250
300
350
400
弥生時代
古墳時代
中期
後期
前期
第三様式
第四様式
第五様式（前半）
第五様式（後半）
庄内式
布留式
纒向一式
纒向二式
纒向三式
纒向三式新
纒向四式
この線より左、土器編年の歴史
右は日本書紀の年数を西暦で読む歴史
西暦元年
田和山遺跡（戦の跡）
妻木晩田に四隅突出墓築造
57 倭奴国後漢に朝貢
荒神谷、加茂岩倉青銅器埋納
日本建国
神武即位 108 橿原宮に即位
108 神武即位
神武 133 畝傍山東北陵
綏靖 145 葛城高丘宮
147 倭国大乱始まる
西谷古墳群築造始まる
桃花鳥田丘上陵
安寧 158 片塩浮孔宮
畝傍山井上陵
懿徳 169 軽曲峡宮
畝傍山南繊沙谷上陵
147 倭大乱 188
188 卑弥呼女王となり大乱止む
孝昭 197 掖上池心宮
掖上博多山陵
１３年後葬
188 意富夜麻登久邇阿礼媛（卑弥呼） 246
纒向遺跡の始まり
孝安 231 室秋津島宮
玉手丘上陵
239 邪馬台国女王魏に朝貢
246 卑弥呼薨　墓を造る
孝霊 257 黒田廬戸宮
片丘鳥坂陵
倭迹迹日百襲媛（壹与） 299
266 壹与朝貢
孝元 276 軽境原宮
剣池島上陵
開化 296 春日率川宮
春日率川坂本陵
300 箸墓古墳築造
崇神 318 磯城瑞籬宮
山辺道勾岡上陵
321 日葉酢媛薨
垂仁 335 纒向珠城宮
狭城盾列池上陵
337 景行九州親征
景行 345 纒向日代宮
山辺道上陵
成務 355 志賀高穴穂宮
狭城盾列石塚陵
都月二号
芋岡山遺跡
女男岩
黒宮大塚
七つぐろ古墳
都月一号
中山大塚
西殿塚
東殿塚
メスリ山古墳
五社神古墳
宝来山古墳
367 百済初めて朝貢
372 七支刀を送る
391 高麗朝貢　国書を破る
倭朝鮮に出兵
応神 394 豊明宮
誉田陵
410 隼総別王嶋皇女殺さる（島の山古墳）

有史（神武即位）以来の年数は実年で判り、一年、一年の歴史の進行がわかります。遺跡の時代や古墳完成の年とまでは行きませんで埋葬の年数は確実なものが判るようになるのでは?、少なくとも天皇陵は崩年が判ったのですから、出土品の年数を知れば現在不明の天皇陵は確定する筈です。又卑弥呼の住まいは孝昭、孝安、孝霊の時代で、魏使の見た宮殿は孝霊の都、黒田であります。古墳時代の始まりは正に箸墓を以て嚆矢《こうし》とします。四世紀初頭から盛大になりますが、その胎動は遠いものではありません。

田辺　好隆（たなべ・よしたか）
大正9年（1920年）、島根県津和野生まれ。戦前中、呉海軍工廠で軍艦の設計にあたる。戦後も船の設計に従事。大きさ、強度、安定、法規など「すべてが数字」といえる船の設計の経験をもとに、日本古代史が秘める「数字の謎」の解明に精力的に取り組んできた。現住所は広島県呉市阿賀南8の8の31

会員募集中

奈良の古代文化研究会

古代史と古代文化遺産の宝庫、奈良・大和の歴史や文化遺産について学習したり、研究したり、発信するために、互いに励まし合ったり、協力し合ったりする会です。

入会資格	奈良の歴史や文化遺産に興味、関心のある人
活　　動	青垣出版が発行する『奈良の古代文化』に、研究レポート、研究論考、エッセー、紀行文、感想文、意見などを発表する。（審査はあります。掲載分には青垣出版より薄謝あり）
例　　会	研究発表会、講演会、読書会、現地見学会など随時開催。
入会金・会費	無料（ただし、例会等の参加時に資料代等必要な場合あり）
会員特典	『奈良の古代文化』及び青垣出版出版物を、直送に限り10%割引、送料無料で購入できます。
事務局	青垣出版内に置く
連　　絡	必要に応じて郵便、電話、ＦＡＸ、Ｅメール等で行う。
入会方法	住所、氏名、連絡先（電話、ＦＡＸ、Ｅメールアドレス等）を下記まで連絡して下さい。

論考募集　奈良の古代文化研究会と青垣出版では、邪馬台国やヤマト王権に関わる論考、調査レポートなどを引き続き募集しています。

事務局
郵　　便　〒636-0246　奈良県磯城郡田原本町千代３８７の６
青垣出版内「奈良の古代文化研究会」事務局
電話 or ＦＡＸ　０７４４－３４－３８３８
Ｅ メ ー ル　wanokuni@nifty.com

【著者】
上田　充夫（うえだ・みつお）
住谷　善慎（すみたに・よしちか）
豆板　敏男（まめいた・としお）
木村　茂生（きむら・しげお）
田辺　好隆（たなべ・よしたか）
〈掲載順〉

奈良の古代文化研究会
代　表　靍井　忠義
事務局　奈良県磯城郡田原本町千代３８７の６　青垣出版内

奈良の古代文化③
論考　邪馬台国＆ヤマト王権

2012年１１月　１日初版印刷
2012年１１月１５日初版発行

奈良の古代文化研究会編

発行所　有限会社　青　垣　出　版
〒636-0246 奈良県磯城郡田原本町千代３８７の６
電話 0744-34-3838 Fax 0744-33-3501
e-mail　wanokuni@nifty.com
http: //book.geocities.jp/wanokuni_aogaki/index.html

発売元　株式会社　星　雲　社
〒112-0012 東京都文京区大塚３－２１－１０
電話 03-3947-1021 Fax 03-3947-1617

印刷所　互　恵　印　刷　株　式　会　社

printed in Japan　ISBN 978-4-434-17228-1

青垣出版の本

奈良の古代文化①
ISBN978-4-434-15034-0

纒向遺跡と桜井茶臼山古墳

奈良の古代文化研究会編

初期ヤマト王権の謎を秘める２つの遺跡を最新の発掘成果をまじえて解説
Ａ５変形判１６８ページ　本体1，２００円

奈良の古代文化②
ISBN987-4-434-16686-0

斉明女帝と狂心渠たぶれごころのみぞ

靍井 忠義著
奈良の古代文化研究会編

狂心渠はどこに掘られたのか。斉明朝は本当に「狂乱の時代」だったのだろうか
Ａ５判変形１６８ページ　本体1、２００円

奈良を知る
iSBN978-4-434-13771-6

日本書紀の山辺道《やまのへのみち》

靍井 忠義著

三輪、纒向、布留など山の辺の道沿いの「神話と考古学」。日本古代史の原点を探訪
四六判１６８ページ　本体1，２００円

奈良を知る
ISBN978-4-434-15561-1

日本書紀の飛鳥

靍井 忠義著

飛鳥の地下に眠る古代遺跡と飛鳥のすべてが分かる。飛鳥ガイド書の決定版
四六版２８４ページ　本体1，６００円

「神武東征」の原像

ISBN4-434-08535-2

宝賀 寿男著

神武東征伝承は果たしてまったくの虚構か。合理的・論理的な解釈の途をさぐる
Ａ５判３４０ページ　本体2、０００円

古代氏族の研究①
ISBN978-4-434-16411-8

和珥氏—中国江南から来た海神族の流れ

宝賀 寿男著

古代ヤマト王権で重要な位置を占め、春日、粟田、小野などに分かれた和珥氏族を解明
Ａ５判１４６ページ　本体1，２００円

古代氏族の研究②
ISBN978-4-434-17093-5

葛城氏—武内宿祢後裔の宗族

宝賀 寿男著

大和の葛城地方を本拠とし、山城や尾張にも根を張った有力氏族の系譜を追究する
Ａ５判１４６ページ　本体1，２００円